좌충우돌 신규교사 성장 레시피

좌충우돌 신규 교사 성장 레시피

펴 낸 날 2025년 5월 13일 초판 1쇄
지 은 이 강소민, 김민혜, 김주원, 송라헬, 이예린, 임은영, 정소이, 조은해, 최지원
펴 낸 이 박지민, 박종천
편 집 김정웅, 김현호, 민영신
책임편집 윤서주
디 자 인 룸디
책임미술 웨스트윤
마 케 팅 이경미, 박지환

펴 낸 곳 모모북스
경기도 파주시 지목로89~37(신촌로 88~2)3동1층
전화 010-5297-8303 팩스 02-6013-8303
등록번호 2019년 03월 21일 제2019-000010호
e-mail pj1419@naver.com

ⓒ 강소민, 김민혜, 김주원, 송라헬, 이예린, 임은영, 정소이, 조은해, 최지원, 2025
ISBN 979-11-90408-70-7(03810)

- 책값은 뒤표지에 있습니다.
- 잘못된 책은 구매하신 곳에서 교환해드립니다.
- 모모북스에서는 여러분의 소중한 원고를 기다립니다.
  투고처: momo14books@naver.com

좌충우돌 신규 교사
성장 레시피

강소민
김민혜
김주원
송라헬
이예린
임은영
정소이
조은해
최지원

추천의 말

"초임 교사를 위한 책은 많지만, 이렇게 생생하고, 이렇게 현실적이며, 이렇게 다정한 책은 없었습니다." 《9명의 신규 교사가 차린 교직 이야기 한 상》은 단순한 경험담을 넘어, 교직의 현실과 이상 사이를 살아가는 '진짜' 교사들의 목소리를 담았습니다. 신설학교, 학년별 교육, 급식, 과학 실험, 심지어 치어리딩 무대까지. 교사라면 누구나 마주하는 수많은 첫 도전과 고민, 시행착오를 이 책은 놀랍도록 세밀하게 그려냈습니다. 특히 각기 다른 분야(초등, 과학, 보건, 영양)에서 출발한 9명의 신규 교사들이 직접 쓴 이야기들은, 독자에게 단순한 위로를 넘어 '나도 할 수 있다'는 용기와 실천 방법을 함께 선물합니다. 차림표처럼 짜인 목차 구성, 경험에서 우러난 생생한 사례와 조언, 그리고 무엇보다도 실패와 성장을 숨기지 않는 솔직함은 이 책만의 가장 큰 매력입니다. 지금까지 나온 초임 교사를 위한 생생한 가이드 중 단연 '끝판왕'이라 부를 만합니다. 신규 교사의 좌충우돌 성장 레시피를 마음을 다해 추천합니다.

김차명 | 참쌤스쿨 대표, 경기실천교육교사모임 회장, (전)경기도교육청 장학사

《좌충우돌 신규 교사 성장 레시피》는 처음 교단에 섰던 제 모습을 떠올리게 했습니다. 수업 준비에 밤을 새고, 반 아이들에게 편지를 쓰고, 동료 선생님들 사이에서 조심스레 자리 잡으려 했던 저의 시간이, 책 속 저자들의 이

야기와 그대로 겹쳐졌습니다. 특히 아이들 앞에서는 누구보다 빛나고 싶었던 마음과, 업무 앞에서는 서툴고 버거웠던 마음, 두 가지 모두 고스란히 담겨 있어 책을 읽는 내내 제 지난날들을 꼭 껴안아 주는 느낌을 받았습니다. "이렇게 흔들리는 것도, 때로는 서툴고 힘든 것도 다 괜찮다." 저연차 교사로서 한 걸음 한 걸음 버텨 온 저에게, 이 책은 '지금의 어려움은 모두 자연스러운 성장의 과정'이라는 다정한 위로를 건네주었습니다. 교직 생활의 처음을 지나고 있는 선생님들께, 이 책을 진심으로 추천합니다.

신해인(해초쌤) | 경인교대 초등교육과 졸업, 경기도교육청 홍보대사, 교육부 함께학교 홍보지원단, 대한교사협회 미디어팀장

시행착오는 시행과 착오 각각에 의미가 있다. 교직에서의 첫해는 정말 많은 시행을 했고, 크고 작은 착오를 겪으며 기어이 하루하루 자랐던 시기였다. 시행과 착오의 결말은 늘 자람이라는 해피엔딩이다. 행복한 결말로 향하는 아이들의 성장 과정을 가장 크게 응원하는 나의 동료 선생님들이, 자신의 도전과 헤맴 역시 사랑할 수 있으면 좋겠다. 누군가의 첫 시행착오를 응원하기 위해 기꺼이 자신의 이야기를 꺼낸 아홉 선생님의 마음이, 꼭 많은 이들에게 닿기를 바란다.

송민경(자라는 유얼쌤) | 대한교사협회 멘토교사, 경인교대 놀자연구소 연구원, 인스타그램 교육기획자 계정 운영(@ur._.hae), 현) 경기도 초등교사

메뉴

Prologue_임은영 • 012

강소민- 보건실에서 자라는 중입니다: 처음이라 더 뜨겁게

- 비교과 교사가 담임이 된다고? - 018
- 내가 배우고 싶었던 수업: 결핍이 가르침으로 다시 태어난 순간 - 032
- 신규 교사의 승진(?) 비법 - 039

임은영 - 나를 찾아가는 교직 생활 : 홀로 또 함께

- 두 달짜리 담임 교사의 러브 레터 - 046
- 함께 성장하는 교사 동아리를 만들다 - 053
- 마음만은 신규인 헌규 교사 이야기 - 063

최지원 - 병아리 영양 교사의 학교 급식 도전기
: 매뉴얼엔 없는 진짜 일들

- 신설교에 신규 영양 교사 발령? 그리고 통합 학교 - 074
- 영양 교육(식생활 지도)과 환경 교육으로 학생에게 다가가기 - 083
- 자율선택급식 어떤가요? - 091

김민혜 - T형 교사의 성장기 : 시행착오 다다익선

- T형 교사의 소통 비법 - 102
- 다다익선, 공모전 기회 잡기 - 111
- 생활 지도를 위한 습관 만들기 - 122

김주원 - 고학년과 함께 한 첫걸음: 외딴섬에서 길을 찾다

- 신규의 외딴섬 - 134
- 사춘기, 봄을 생각하다 - 143
- 고학년 연대기 - 153

송라헬 – 중등교사의 초등학교 적응기 : 과학실에 온 걸 환영해!

- 나의 초등학교 적응기 - 166
- 과학경진대회 지도 교사 가이드 - 173
- 전담시간, 과학 - 182

조은해 – 신규 교사의 생존 비결 : 배우고, 도전하고, 성장하기

- 다시 만난 업무는 또 새롭다 - 192
- 몸치 선생님, 치어리딩 무대에 서다 - 205
- 유명한 OO이 되고 싶어요 - 216

이예린- 꼬리에 꼬리를 무는 기회 잡기 : 일단 도전해!

- 신규니까 청춘이다 - 226
- 연구 대회에 도전하다 - 235
- 학부모님, 학교로 와주시겠어요? - 248

정소이- 불안과 열정 사이 : 실수, 도전, 그리고 나다움

- 아직도 마음에 담아두고 계세요? - 260
- 교육방송연구대회 도전기 - 269
- 최선이기에 최고일 수밖에 없는, 재미있고 다채로운 학급 만들기 - 280

Epilogue_송라헬 • 288

Prologue

"선생님, 너무 열심히 하지 말고 그냥 기본만 하세요."

3년 차 교사 시절, 옆 반 부장님께서 우리 교실에 찾아와 넌지시 건네신 한마디.

그때의 나는 한창 열정에 불타올랐을 때로 새로운 학급 경영 방식, 재미있는 수업, 이벤트 등 무엇이든 시도해 보려고 애를 쓰고 있었다. 그런 나를 걱정하셨던 걸까? 혹은 너무 열심히 하는 옆 반이 부담스러우셨을까? 아마 둘 다가 아닐까 생각한다. 진심을 200% 쏟아내는 과정에서 후배 교사가 학부모나 학생으로 인해 상처받지는 않을까 걱정이 되는 동시에, "왜 옆 반만 저런 거 해요? 우리 반은 안 해요?"라는 아이들의 말에 젊은 교사와 비교되는 일이 내심 부담스러우셨을지도 모른다.

지금껏 대부분의 선배 교사들이 열심히 하는 나를 바라보며 보인 반응은 크게 세 가지였다. 첫째, 젊고 능력도 좋으니 교사 말고 다른 일을 찾아봐라. 둘째, 승진 준비해라. 셋째, 너무 열심히 하거나 힘 빼지 말라. 정말 이 방법뿐이라고? 물론 선배 교사들의 애정 어린 조언이라는 것을 알고 있다. 하지만 나는 단지, 교실에서 아이들과 행복하게 지내고 주어진 일에 최선을 다하는 교사가 되고 싶었다.

선배 교사들이 하셨던 말씀도 충분히 이해가 된다. 안전사고가 일어나면 안전 교육, 학교 폭력 문제가 일어나면 인성 교육, 딥페이크 문제가 일어나면 디지털 윤리 교육이 학교에 들어온다. 이러한 교육 만능주의 속에서 앞으로 학교에서 가르쳐야 할 내용은 점점 많아질 것이다. 그렇다고 교사는 예전처럼 사회적으로 존경받는 직업도, 경제적으로 윤택해질 수 있는 직업도 아니다. 악성 민원을 온전히 홀로 감당해야 한다는 리스크도 있다. 특히 우리는 2023년의 뜨겁고도 아픈 여름을 보내며 교사로서 회의감과 좌절을 경험하지 않았던가.

그럼에도 나는 교사의 길을 택했다. 계속해서 가르치기로 했다.

교사로서 아이들을 멋지게 길러 내고 무엇이든 잘 해내고 싶다. 그래서 힘든 순간이 찾아올 때면 내가 어떤 마음으로 교사가 되었는지를 떠올려본다. 초심을 찾기 위해 시간을 거슬러 기억을 더듬다 보면 행복과 불안이 교차했던 교직 생활을 견디게 한 힘을 떠올리게 된다. 그러면서 자연스레 그 힘을 동료 교사들과 나누고 싶은 마음이 피어난다. 다른 길을 찾아보거나 승진을 고민하거나, 조금은 힘을 빼보라는 조언보다는 동료로서 혹은 선배로서 함께 열심히 해보자고 말이다. 오래도록 교육자로 함께 하자고 말이다. 교육 환경이 어려워질수록 서로에게 힘이 되어주고 싶은 마음에서 이 이야기는 시작되었다.

이 책은 같은 학교에 근무한 교사 9명의 이야기이다. 우리는 교육 경력이 많지도 않고 누구나 아는 유명한 교사도 아니다. 독자에게 거창한 조언이나 정답을 제시하지도 않는다. 다만, 각자 자신의 이야기를 진솔하게 내뱉으며 우리의 경험이 누군가에게 위로와 용기가 되길 바라며 한 자 한 자 써 내려갔다.

"지나간 것은 지나간 대로 그런 의미가 있죠"

'걱정말아요 그대'라는 노래에 나오는 제일 좋아하는 가사다. 지나간 것은 말 그대로 우리의 교실 속 경험이다. 성공하고 실패했던 일, 용기 있는 도전 혹은 눈물 나게 힘들었던 우리들의 이야기가 부디 이 책을 읽으실 선생님께 교직 생활을 함께 해 나갈 용기로 다가오길 바란다.

교사 임은영

강소민

보건실에서 자라는 중입니다
: 처음이라 더 뜨겁게

비교과 교사가 담임이 된다고?

나는 보건 교사이다.

의료인을 넘어, 학생들에게 건강 교육을 하기 위해 보건 교사가 되었다.

보건실에서 학생들의 몸과 마음을 치유해 주는 역할 이외에, 교실에서 학생들에게 보건 교육을 할 때의 설렘은 또 달랐다. 활기 넘치는 교실에서 학생들의 목소리가 들려온다. 열심히 준비한 수업을 학생들이 집중하며 반짝이는 눈으로 바라볼 때면, 마치 어두운 밤하늘에 별빛이 쏟아지는 순간을 목격한 것처럼 가슴이 벅차오른다. 그 눈빛 속에는 호기심과 신뢰가 가득했고, 아이들이 나를 통해 무언가를 배우고 있음을 느낄 수 있다. 이 짜릿한 순간들은 다음 수업을 더욱 고민하고 준비하게 만드는 원동력이 되었다.

의료인과 교사의 경계를 넘나들며 보건 교사의 역할에 익숙해져 가던 어느 햇살 좋은 날이었다. 복도 한 켠엔 담임선생님이 좋아 새끼 병아리처럼 졸래졸래 따라다니는 아이들의 모습이 눈에 들어왔다. 그 모습이 너무 사랑스러워, 나도 모르게 입가에 미소가 번졌다. 그리고는 이내 그 담임선생님이 부러워졌다.

'저 학생들에게 나는 어떤 선생님일까? 나도 저렇게 따라다니고 싶어지는 선생님이 될 수 있을까?'

'나도 담당하는 반이 있었으면 좋겠다.'

초등 보건 교사는 일반 교과 교사처럼 담임을 할 수가 없다.

담임이 될 수 없음을 받아들인 순간부터 마음속에 작은 목표가 생겼다. 학생들이 나를 그냥 '보건 선생님'이 아닌, 마음 편히 다가와 웃고 고민을 털어놓을 수 있는 '우리 선생님'으로 여길 수 있도록 내가 더 다가가야겠다는 결심이었다.

그리고 나도 진심으로 '내 새끼들'이 성장해 나가는 모습을 보고 싶었다. 단순히 보건실에서 학생들의 아픔을 돌보는 역할을 넘어, 그들의 삶에 긍정적인 영향을 미치고 스스로 성장할 수 있는 기회를 만들어 주고 싶었다. 학생들이 건강한 몸뿐 아니라 건강한 마음을 가지고, 자기 자신을 더 잘 이해하며 더 나은 선택을 할 수 있는 힘을 키우길 바랐다.

그래서 고민 끝에 생각해 낸 것이 바로 보건 동아리 활동이었다. 단순히 흥미로운 과제를 함께 수행하거나 지식을 쌓는 것을 넘어서, 학생들이 서로 협력하며 배려와 존중을 배우고, 실패와 성공 속에서 자신감을 키울 수 있는 장을 만들고 싶었다. 그리고 그 여정을 함께하며 나 또한 성장하고 싶었다.

보건 동아리의 시작

초보 교사였던 나는, 서툴지만 넘치는 열정 하나만으로 보건 동아리를 만들기로 결심했다. 학생들이 자라나는 모습을 직접 보고 싶은 마음, 그들의 성장에 조금이라도 힘이 되고 싶은 마음이 나를 움직이게 만들었다. 모든 게 처음이라 두렵기도 했지만, 그보다 더 컸던 건 '내 새끼들'이라는 마음으로 학생들과 더 깊이 연결되고 싶다는 간절한 소원이었다.

마치 맨땅에 헤딩하듯 어디서부터 시작해야 할지 감조차 잡히지 않았지만, 그저 '학생들에게 의미 있는 시간이었으면 좋겠다.'는 바람 하나로 준비를 시작했다. 어떤 활동이 학생들에게 즐거우면서도 유익할지 고민하며 자료를 찾고, 프로그램을 설계하고, 구체적인 목표를 세웠다. 실수하면 어쩌나 걱정도 됐지만, 학생들에게 '함께한다면 무엇이든 해낼 수 있다'는 믿음을 주고 싶었기에 나부터 용기를 내보기로 했다.

'보건복지부'

보건 동아리 이름이다. 학교를 대표하는 건강 동아리로서의 위상을 담아내는 동시에, 듣는 이들의 호기심을 자극하는 독특하고 임팩트 있는 작명이라고 스스로 평한다.

나는 우리 학교의 보건장관으로 자동 셀프 승진이 되어 보건 동아리 활동이 요목조목 적힌 홍보지를 학교에 게시하고 모집을 시작했다. 초등학교에 생소한 보건 동아리를 한 명도 지원하지 않으면 어쩌지 걱정부터 앞섰다. 그래서 의사나 간호사를 꿈꾸는 학생, 삶 속에서 건강의 가치를 배우고 실천하고 싶은 학생, 생명의 소중함을 귀하게 여기는 학생이라면 누구든 환영이라는 메시지를 가장 눈에 띄는 곳에 담아 두었다.

내 마음속 간절함이 학생들의 가슴에 닿았는지 다행히도 예상보다 많은 5명이 지원했다. 학생들에게 티를 내지는 않았지만, 속으로는 안도의 한숨을 내쉬었다. 지원한 학생들은 의사를 꿈꾸거나, 보건 동아리 활동이 흥미로울 것 같아 자발적으로 참여한 친구들이었다.

학생들과 함께할 1년간의 건강 관련 활동은 크게 신체적 건강과 정신적 건강 두 가지 방향으로 계획했다. 상반기에는 신체적 건강 분야의 활동으로, 소방청에서 주관하는 경기도심폐소생술대회에 도전하기로 했다. 동아리를 구성한 뒤, 교감·교장 선생님의 구두 승인을 받은 후 본격적으로 대회 준비를 시작했다.

심폐소생술대회

동아리가 꾸려지고 대회까지 남은 시간은 고작 한 달. 그런데 학생들은 6교시까지 꽉 찬 수업을 마친 후 학원에 가기 전 겨우 20~30분 정도만 연습할 수 있었다. 게다가 하교 후 학생들의 스케줄도 제각각이라 함께 연습할 시간이 거의 없었다. 이렇게 연습을 이어간다면 대회에 참가할 수도 없겠다는 생각에, 나는 점심시간을 추가로 활용하기로 했다. 아픈 아이들을 치료하는 틈틈이 보건실 한쪽 구석에서 심폐소생술 방법을 평가 기준에 맞춰 가르쳤다.

"선생님, 손목이 아파요", "제 역할이 너무 작아요", "가발 쓰는 게 너무 창피해요"

선생님 속을 아는지 모르는지 학생들의 크고 작은 불만이 여기 저기서 들려오자, 내 마음은 솥뚜껑이 익어 달그락거리듯 요동쳤다. 이 대회는 단순히 심폐소생술 기술만 평가하는 것이 아니라, 시나리오를 쓰고 연기도 하며 심폐소생술 방법을 익혀야 하는 대회였다. 열두 살이라는 나이에 그 많은 걸 동시에 소화해야 했으니, 학생들에게는 정말 벅찬 일이었을 것이다.

그렇지만 나는 절대 포기할 수 없었다. 학생들이 자발적으로 대사를 외우고 싶게끔 비장의 카드를 꺼내기 시작했다. 그 카드는 바로 아이스크림!

"대사를 잘 외우면 아이스크림을 선물로 준다는 말로 아이들을 유혹했다. 쉬는 날에도 그냥 놔둘 수 없었다. "이 영상, 오늘 밤에 꼭 보고 와야 해!"라고 문자를 남기며 끊임없이 심폐소생술의 정확한 방법을 익히게 했다. 학생들은 어쩔 수 없이 아이스크림을 먹기 위해 영상을 보고, 또 보고 열심히 따라 했다. 지금 생각해 보면 쉬는 시간에 더 쉬고 싶고, 친구들과 놀고 싶었을 텐데 그 모든 것을 인내하고 성실하게 선생님의 가르침을 따라준 모습이 정말 대견하다. 주말에도 학교에 나와 연습한 학생들은 점차 대본을 자연스럽게 외우고, 연기와 심폐소생술 기술도 날로 완벽해져 갔다. 그 과정 속에서 아이들은 자신이 조금씩 성장하고 다듬어지는 모습을 자랑스럽게 여기기 시작했다.

우리들의 노력은 결국 초·중·고가 함께 참여한 대회에서 장려상이라는 값진 결실을 맺게 되었다. 이 상은 단순한 상을 넘어, 학생들이 스스로 이룬 자부심과 그동안의 노력이 만들어낸 멋진 결과물이었다.

하반기에는 정신적 건강을 주제로 꼬마 작가 활동을 시작했다. 학생들이 자기 내면을 더 깊이 이해할 수 있도록, '꼬마 작가'라는 역할을 부여하고 열두 살의 마음을 들여다보는 글쓰기를 시작했다. 학생들은 여름방학도 반납하며 방학 내내 글쓰기와 그림 그리기에 몰두했다. 그들은 작은 기쁨과 슬픔, 고민과 꿈을 글로 풀어내면서 자신도 몰랐던 감정을 발견하고 표현하는 기쁨을 경험했다. 아이들의 창작물은 점차 하나의 작품으로 완성되어 갔고, 다양한 인터넷 플랫폼에 출간되었다. 자신의 이야기가 다른 사람들과 공유되는 모습을 보며 학생들은 큰 자부심을 느꼈다. '꼬마 작가' 활동은 단순한 글쓰기를 넘어, 자신을 표현하고 내면의 감정을 탐색하는 과정에서 마음의 건강을 돌보는 소중한 경험이 되었다.

처음 '꼬마 작가' 활동을 기획했을 때, 학생들에게 자기표현의 기회를 주고 정신적 건강을 돌볼 수 있는 시간을 제공하고 싶었다. 학생들이 여름방학 동안 글을 쓰고 그림을 그리며 자신을 들여다보는 과정에서 한 걸음 더 성장하길 바랐다. 하지만 시간이 지나면서, 사실 가장 크게 성장한 건 바로 나였다.

심폐소생술대회에서도 마찬가지였다. 대회 준비 과정은 만만치 않았다. 점심시간까지 활용하며 아이들을 지도했지만, 학생들 사이에서 크고 작은 잡음이 이어질 때마다 마음이 조급해지기도 했다. 그러나 연습을 거듭하며 점차 발전하는 학생들의 모습은 나를 놀라게 했다. 특히 대회에서 좋은 결과를 받은 순간, 그들의 성과가 단순히 상 하나로 끝나는 게 아니라, 함께 노력하며 만들어낸 결과물이라는 사실에 깊은 감동을 받았다.

이 모든 경험 속에서 깨달았다.

내가 학생들에게 도움을 주고 있다고 생각했지만, 사실은 그들이 나를 더 좋은 사람으로 만들어주고 있었다. 함께하는 시간 동안 학생들이 보여준 용기와 도전은 내 안의 열정을 다시 일깨웠다. 심폐소생술대회에서부터 꼬마 작가 활동까지 아이들과 함께한 이 여정은 내 삶에서 가장 따뜻하고 값진 성장의 기록으로 남았다.

"동아리를 하는 특별한 이유가 있나요?"

"학생들이 건강을 배우고 실천하며 성장하는 모습을 보고 싶어서요. 그리고 그 과정에서 내가 아이들에게 무언가를 가르치는 것처럼 보이지만, 사실은 제가 더 많이 배우고 성장하거든요."

동아리를 한다는 건 나에게 보건실 밖에서 또 다른 교사가 되는 일이었다. 학생들의 작은 변화가 내 삶에 깊은 울림을 주었고, 그 울림은 나를 더 나은 교사, 더 나은 어른으로 성장하게 했다. 그래서 동아리는 나에게 있어 단순한 활동이 아니라, 나와 학생들이 함께 자라는 특별한 시간이다. 그 과정 속에서 나에게도 자랑스러운 '내 새끼들'도 생겼다. 이것이 내가 동아리를 하는 이유다.

한 스푼 성장 레시피 - 전국대회 참가하기

[전국 일반인 심폐소생술 경연대회]

1. 대회 소개

일반인 심폐소생술 경연대회는 심정지 환자에 대한 응급처치의 중요성을 알리고 일반인 심폐소생술 시행률을 높이고자 2012년부터 매년 실시되고 있는 전국 심폐소생술 대회 중 하나이다.

2. 주최·주관: 소방청/한국소방안전원

 ※후원: 교육부/보건복지부/질병관리청/대한적십자사

3. 참가 분야: 학생·청소년/대학·일반/어르신부

4. 일정

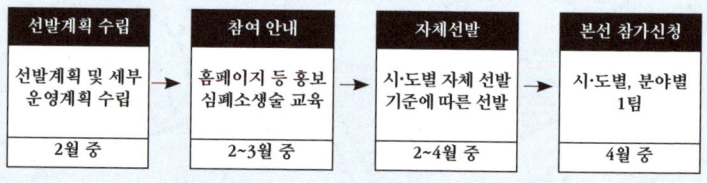

선발계획 수립	참여 안내	자체선발	본선 참가신청
선발계획 및 세부 운영계획 수립	홈페이지 등 홍보 심폐소생술 교육	시·도별 자체 선발 기준에 따른 선발	시·도별, 분야별 1팀
2월 중	2~3월 중	2~4월 중	4월 중

5. 경연 방법

1) 경연시간: 8분

2) 경연내용: 짧은 연극 형태로 표현한 퍼포먼스 형 심폐소생술

  - 경연주제: 심정지 발생 상황 및 대처 행동 등 자유주재

  - 무대표현: 출전한 선수 모두(8명 이내) 또는 일부가 연기

  - 심폐소생술: 출전 한 선수 중 2명이 1개조를 구성하여 시행

3) 경연장비

  - 무대표현: 출전팀에서 준비한 자유 소품 사용

  ※ 스크린, 빔프로젝터, 노트북, 마이크(유선, 무선, 핀마이크)는 주최측에서 준비

  - 심폐소생술: 심폐소생술 평가용 마네킹, 자동심장충격기

  ※ 대회장비는 주최 측에서 제공된 장비 사용

6. 평가기준

구분	평가사항
무대표현	• 표현력, 주제전달, 완성도, 흥미 항목별 평가
심폐소생술	• 심폐소생술 평가표에 의한 평가 • 심폐소생술 장비에 의한 평가
청중평가	• 시·도별 평가단(현장응원단 및 인솔직원 구성)에 의한 평가 • 시·도별 4명, 총76명(대학·일반부 2명, 학생·청소년부 2명)

점수집계	• 심사점수와 청중평가단의 평가점수를 합산하여 총점 산출 • 총점에 감점사항 반영 : 시간 초과
순위결정	• 종합평점 고득점 순위로 결정하되, 동점 시 아래에 따름 ① 심폐소생술 고득점 ② 무대표현 고득점 ③ 청중평가단 평가 고득점 순 ※ 모두 동점 시 위원 협의 결정

7. 청중평가단 구성

- 시·도별 리허설 참석 시 응원단 중 희망자 모집 후 현장 선발

- 평가 점수 공정화를 위해 생애주기별, 계층별 다양화 구성

8. 대회에 참가하실 때 꼭 알아두시면 좋은 세 가지

1) 대회 일정은 반드시 미리 확인 하자

매년 대회 일정과 운영 방식이 조금씩 달라질 수 있기 때문에, 1월이나 2월 즈음에는 소방청 홈페이지(https://www.nfa.go.kr/nfa/)에서 해당 연도의 대회 일정과 공지사항을 먼저 확인하는 것이 중요하다.

2) 장비는 미리 익숙해지면 훨씬 수월하다

대회에서 사용하는 심폐소생술 마네킹과 자동심장충격기(AED)는 주최 측에서 제공한 장비로 평가가 이루어진다. 똑같은 기계로 연습할 수 있다면 가장 좋겠지만, 다른 장비로 연습하여도 충분히 가능하다. 다만 대회 당일에 사용될 기종이나 작동 방식은 미리 확인해두면 실제 상황에서 훨씬 수월하게 대처할 수 있다.

혹시 직접 장비를 구입하시기 어렵다면, 장비 제조사의 공식 홈페이지나 유튜브와 같은 영상 플랫폼에 올라온 작동법 안내 영상을 통해서도 충분히 익힐 수 있다.

3) 시나리오는 '기승전결' 흐름으로 구성하자

시나리오를 작성할 때는 우선 스토리보드를 간단하게 그려보길 권한다. 상황 전개를 한눈에 파악할 수 있고, 전체 흐름을 정리하는 데 도움이 된다. 그다음에는 이 내용을 바탕으로 '기승전결' 구조에 맞춰 시나리오를 구성해 보자.

- 기(起): 상황의 시작, 인물과 장소 소개 (예: 수업 중 한 학생이 갑자기 쓰러짐)
- 승(承): 응급상황에 대한 주변의 반응과 대처 시작
- 전(轉): 심폐소생술과 AED 사용 등 실제 구조 활동
- 결(結): 상황이 종료되고, 구조대에 인계하며 마무리

이러한 구성은 발표나 시연 시에도 자연스럽고 설득력 있게 전달하는 데 큰 도움이 된다.

> ⚠ **마지막으로 꼭 기억해 주세요!**
> 대회 일정과 기준은 해마다 달라질 수 있으므로, 반드시 해당 연도의 공식 일정을 확인해야 한다.

내가 배우고 싶었던 수업
: 결핍이 가르침으로 다시 태어난 순간

나이가 차고, 키가 자라며, 몸무게가 늘면 자연히 어른이 되는 줄 알았다. 내가 살며 겪은 경험은 다른 사람도 비슷할 거라며 어림짐작하며 살아왔다. 하지만, 겉으로 그럴싸해졌다고 뿌리가 깊은 것도, 시간이 지난다고 모두가 무르익는 것도 아니었다.

관계에서 크고 작은 흠집이 생길 때마다 이젠 덜컥 겁이 난다. 자꾸만 작아지고 동굴 속으로 들어가기 시작한다. 한때 성인이 되고 유년 시절 겪었던 불안한 가정환경이 지금의 나를 만들었다는 생각에 억울함과 분노로 가득 차던 때가 있었다.

'나도 따뜻한 사랑을 받고 자랐다면, 어른이 되어 덜 상처받고 살았을 텐데…….'

'어린 시절 내 생각이 존중받는 경험이 있었다면, 무례한 사람에게도 당신과 나는 다르다고 내 생각을 용기 있게 말할 수 있었을 텐데…….'

있는 그대로의 나를 존중받지 못한 환경에서 자란 경험은 내 감정을 숨기고 타인의 눈치를 보게 만들었다. 그 결과, 자연스럽게 나 자신보다 남에게 맞추는 것이 익숙해졌고, 내면보다는 겉으로 보이는 모습에 신경 쓰며 살아가게 되었다. 그렇게 외면을 꾸미는 데 집중하다 보니, 정작 내 안에 있는 진짜 나를 숨긴 채 지낼 때가 많았다. 진정한 내면과 마주한 적이 없었기에 스스로를 잘 알지 못했다. 마치 내 마음과 남의 마음이 하나인 듯 착각하며 살아가다 보니, 서로에게 상처를 주고받는 일도 잦았다.

어려서부터 사물 디자인에 관심이 많아 마음에 꼭 드는 물건을 찾을 때까지 시간 가는 줄 모르고 쇼핑을 하곤 했다. 예전에는 디자인을 유심히 보는 이유가 남들에게 보이는 모습에 신경을 쓰기 때문이라고 생각했고, 때때로 시간을 낭비한다고 자책하기도 했다. 또, 길을 걷다 마음에 드는 화분을 보면 나도 모르게 오랫동안 시선이 머물렀다. 그때는 단순히 가지가 길게 뻗은 수형이 멋있어서 그런 줄 알았지만, 지금 돌아보면 초록이 주는 묘한 안정감과 생명력이 내 마음 깊은 곳에 울림을 주었기 때문이라는 걸 알게 되었다.

'여백이 가득한 밝은 베이지색 심플한 접시에 얇게 썰려 가지런히 담긴 빨간 사과를 먹을 때 행복해요. 그리고 베란다 밖으로 보이는 초록빛의 여름 나뭇잎은 내 마음을 편하게 해줘서 좋아해요.'

상담 선생님과 오랜 면담 끝에 내 삶의 중심은 밖에서 안으로 옮겨졌다. 그 시점부터 단지 화분에 심어진 나무의 형태나 사물의 디자인 때문에 좋아한 것만은 아니라는 걸 깨달았다. 초록은 내 일상에 여유를 불어넣고, 스쳐 지나가는 순간조차 특별하게 해주는 마법 같은 힘이 있다. 이제는 그런 감정들이 내 삶을 더 풍성하고 따뜻하게 만들어 주는 작은 행복임을 알고 있다.

누군가가 내게 다시 어린 시절로 돌아간다면 무엇을 배우고 싶은지 묻는다면, 나는 자신과 소통하는 방법을 배우고 싶다고 답할 것이다.

내가 좋아하는 것이 무엇인지,

내가 행복할 때는 언제인지,

있는 그대로 내 감정을 느끼는 것이 중요하다고 말해주는 어른이 필요했다.

어린 시절 내가 겪은 결핍과 받고 싶었던 욕구를 알아차리니 자연스레 나와 함께 하는 제자들에게 내 가치관이 스며든다. 보건실에서는 대화를 통해 마음을 상담하고, 교실에서는 수업을 통해 자신을 알아가는 연습을 할 수 있도록 지도한다.

나는 학교에서 양성평등 교육을 담당하고 있다. 처음엔 다른 선생님들이 개발한 자료를 공유받아 교육하기도 했다. 그러나 해가 지나고 경험치가 조금씩 쌓일수록 아이들에게 전달하고자 하는 교육의 목적을 고민하기 시작했다.

양성평등 교육의 목적은 성별에 따른 차별, 편견, 비하 및 폭력 없이 인권을 동등하게 보장받고 모든 영역에 동등하게 참여하고 대우받는 것을 말한다. 인간은 누구나 존중받아 마땅하며 남성과 여성이 차별받지 않고 평등할 권리가 있다. 이러한 내용을 교육하기 전에 어떤 선행 개념을 가르쳐야 할지에 대해 깊이 생각했다.

나를 사랑할 줄 알아야 남도 존중할 수 있다는 말이 있다. 어려서는 별생각 없이 당연하게 여겼던 문장이 이제는 진심으로 고개를 끄덕이게 한다. 누군가를 한 인간으로서 존중하기 위해서는 나를 있는 그대로 사랑할 줄 알아야 한다. 그러려면 나는 그 무엇과도 바꿀 수 없는 이 세상에서 하나뿐인 귀한 사람이라는 것을 이해하는 것이 굉장히 중요하다.

전하고자 하는 교육 목표가 세워지면 교육의 방향성이 정해진다.

'나다움'이라는 주제가 분명해지니 그다음 교수·학습 자료와 교수·학습 방법을 선정하는 일은 척척 진행되었다. 학생들이 '진짜 나'에 대해 한 번쯤 생각해 보고, 모두에게 각자가 가진 고유한 특성이 있음을 인지할 수 있으면 했다. 그래서 이를 도와줄 핵심 질문이 포함된 교수·학습 자료를 손수 개발하였다.

> **핵심 질문 예시**
> - **외면:** 좋아하는 운동/음식/나이/장소/과목 등
> - **내면:** 내가 나에게 들려주고 싶은 말
> (이 질문에 대한 아이들의 생각이 제일 궁금했다.)
> - **알아차림:** 꿈, 가장 신나는 순간

어떻게 하면 교육 내용을 더 쉽게 이해시키고, 더 많은 학생이 참여하며, 자신을 성찰할 수 있을지 고민했다. 고민 끝에 프로젝트 활동을 기획했고, 담임 선생님들의 협조 덕분에 많은 학생이 참여할 수 있었다. 또한, 몇몇 대표 학생들이 자발적으로 '나다움'을 주제로 개사하고 녹음에 참여했다. 수십 번의 수정을 거쳐 완

성된 곡을 편집하여 학교 TV를 통해 전교생에게 송출했다.

어느 한 소녀는 태어남과 동시에 정해지는 환경을 속상해하며 가슴에 결핍이라는 덩어리를 지닌 채 어른이 되었다고 한다. 그리고 그 소녀는 먼 훗날 어른이 되어 교사가 되었다.

어릴 적 자신과 대화하는 방법을 알려 주는 어른을 만나지 못해 자신을 사랑하는 방법을 알지 못했다. 그리고 이를 뒤늦게 알아내느라 부단히 애썼다. 그래서 지금은 교직 생활 중 만나는 학생들이 있는 그대로 자기의 모습을 사랑할 줄 아는 어른으로 성장하도록 도우며 살고 있다고 한다.

세상의 모든 어린이들이,

자신이 좋아하는 것을 알고, 있는 그대로 내 모습을 사랑하며, 현재의 감정을 존중해 주는 어른으로 성장하길 바란다.

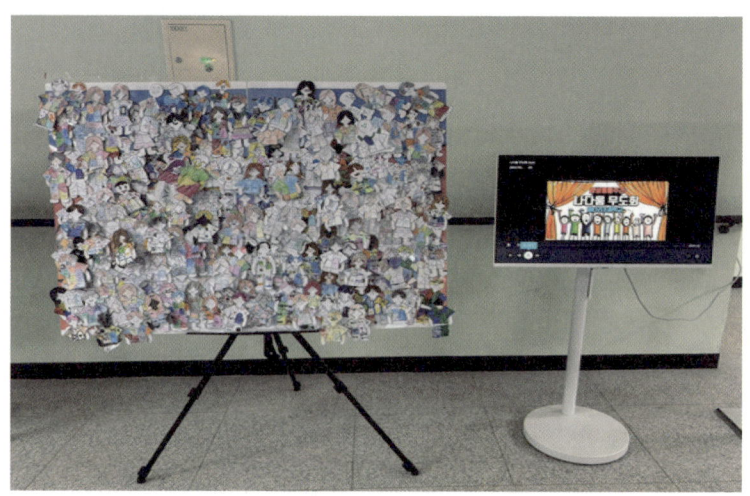

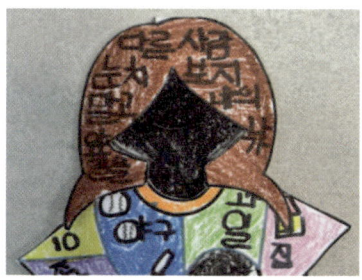

신규 교사의
승진(?) 비법

'결과물로 학생들이 서로의 차이를 한눈에 확인할 수 있었고, 그에 따라 다양성을 자연스럽게 인정할 수 있었던 활동이었습니다. 좋은 자료 공유해 주셔서 감사합니다.'

'양성평등은 저학년에게 다소 어려운 주제일 수 있지만, 그림책을 활용하니 자연스럽게 자신의 경험을 나누는 활동으로 이어질 수 있어 매우 효과적이었습니다. 또한, 나다움 무도회와 랩 개사 활동은 학생들의 흥미를 끌어내며 주제에 쉽게 접근할 수 있도록 도와주었습니다. 다만, 나다움 학습지는 저학년에게는 빈칸이 많아 다소 부담스러울 수 있어, 저학년용으로는 학습지 내용을 간소화하면 더 좋을 것 같습니다.'

양성평등 교육 활동 운영 후 담임 선생님들께 받은 피드백이다. 초등학교 보건 교사는 5, 6학년 중 한 학년을 대상으로 연간 17차시 보건 교육을 한다. 보건 교육 외에 국가교육 과정이 정하는 의무교육이 있는데, 흡연 예방이나 양성평등 교육이 그 예이다. 의무

교육은 일 년 중 한 주를 교육 주간으로 운영할 수 있다. 업무 담당 교사는 전교생을 대상으로 교육할 수 없기에 담임 교사의 협조를 받아 교육 과정을 편성·운영할 수 있다.

동료 선생님들은 평소 수업, 생활 지도, 학급 운영, 그리고 다양한 행정 업무로 바쁜 일상을 보내고 있다. 이러한 상황에서 교육 주간을 운영할 때, 담임 선생님들이 과도한 부담을 느끼지 않으면서도 학생들에게 교육적 내용을 충분히 전달하기 위해 두 가지를 균형 있게 조율하는 일이 생각만큼 녹록지 않다. 따라서 교육 활동이 끝난 후에는 선생님들로부터 피드백을 수집한다. 현장의 목소리를 반영하여 교육 과정에서 부족했던 점을 보완하고, 더 효과적이고 실질적인 교육이 이루어질 수 있도록 다음 활동에 반영하고자 노력한다.

"선생님, 그 바쁜데 그걸 다 해내셨어요?"

"발령받아 경력이 많지 않은 신규 교사인데 표창이 벌써 몇 개인가요?" 가까운 동료 선생님이 나를 보고 건넨 질문이다.

나는 업무를 할 때 '주인의식'을 가지려 노력한다. 주인의식의 핵심은 교육 대상에게 갖는 관심과 교사의 자율성이다. 가끔 교사가 되어 좋은 점이 무엇이냐 묻는다면, 나는 교사가 교육 내용을 재구성하고 나만의 방식으로 활용할 수 있는 자율성이 가장 큰 장점이라고 답한다. 교육의 큰 틀은 교육부에서 제시하지만, 결국 교사가 교육 대상을 향한 애정과 그리고 아이들에게 자신만의 색깔을 담아 전달하는 노력이 교육의 질을 결정한다. 그만큼 교사의 자율성과 학생에 대한 관심은 교사의 주인의식을 형성하는 중요한 요소다.

올해 운영한 흡연 예방 교육 사례를 통해 내가 가진 주인의식에 대해 좀 더 자세히 소개해 보겠다. 먼저 나를 흡연예방교육센터의 대표로 승진시켰다. **사실 일할 때 동력을 일으키는 팁인데 나는 나를 잘 승진시킨다.** 앞에서 보건 동아리를 할 때도 학교 보건복지부 장관으로 자칭 '셀프 승진'이라고 표현하기도 했다. 이렇게 내가 회사의 대표가 된다고 생각해 보면 단순하게 일단 기쁘다.

'와우! 내가 대표라니?'라는 생각으로 CEO가 되어 설렘과 기대를 안고 업무를 시작하고 나면, 자연스럽게 회사를 잘 운영하기 위해 책임감이라는 녀석이 머리를 쓱 내민다. 내 회사의 성장과 발전을 위해 가장 중요한 것이 무엇인지 고민하게 한다. 회사는 고객을 위해 존재한다. 이는 교육에서도 마찬가지이다. 학교와 교사가 존재할 수 있는 것은 학생이 있기 때문이다.

가장 중요한 대상이 확인되면, 다음으로 교육 활동의 목적을 설정한다. 교육부, 교육청, 학교 순으로 상위 기관부터 하위 기관까지 교육 목표와 비전, 방향을 확인한다. 어떤 조직이든 정책을 흔들림 없이 추진하기 위해서는 항해하는 배가 목적지에 도달할 수 있도록 푯대가 중요한 법이다. 따라서 교육부의 교육청 주요 정책을 확인하고 학교의 비전을 면밀히 검토하여 가장 중요한 핵심 가치를 도출하고, 이를 토대로 흡연 예방 교육의 방향성을 명확히 설정한다.

2024학년도 교육부에서 중요하게 생각하는 정책은 단연 학생의 **디지털 활용 능력 향상**이었다. 학생의 디지털 능력을 높이기 위해선 먼저 교사가 배워야 한다. 교사를 위한 각종 다양한 디지털 연수가 열리고, 교육 박람회에도 참석도 하여 교육 트렌드를 꾸준히 확인한다.

교육부를 확인했으면 이번엔 교육청 공략이다. 내가 속한 교육청의 기본 방향과 주요 업무 계획을 확인한다. 교육청의 기본 방향에서는 교육청의 비전과 목표, 정책을 종합적으로 살펴볼 수 있으며, 주요 업무 계획은 각 정책별로 전년도 추진 성과를 기반으로 올해 추진할 정책의 내용을 상세하게 담고 있다.

경기도 교육청의 기본 방향과 주요 업무 계획을 면밀히 검토하여 '자율', '균형', '미래'라는 핵심 키워드를 도출했다. 이를 바탕으로 교육청의 핵심 요소와 우리 학교의 핵심 역량을 비교하여 공통된 방향성을 확인하였고, 흡연 예방 교육의 목표로 '학생 주도', '미래 교육', '교육 공동체의 균형 있는 참여'라는 세 가지 교육 키워드를 설정할 수 있었다. 방향성이 명확해지니 실행은 예상외로 너무도 쉬웠다. 학생·교사·학부모 교육 공동체(3주체)가 모두 참여하는 교육을 기획하고 학생 스스로 가사를 쓰며, 생성형 AI를 활용하여 전교생 흡연 예방 캠페인 노래를 만들었다. 최종 결과물은 점심시간에 전 교실에 방송하고, 학교 온라인 플랫폼을 활용하여 지역 사회에 전파하였다. 그리고 감사하게도 학교 흡연 예방 교육 부문 우수 사례에 선정되어, 표창까지 받는 기쁨을 누렸다.

카카오 공동대표이사 조수용 대표의 책 《일의 감각》에서 기획은 '상식'이라 말한다. 아이디어 자체는 중요하지 않으며 감각적인 기획은 가장 상식적이고 기본적인 생각에서 출발한다. 아이디어가 만일 상식과 본질에서 시작되었다면 실행이 비교적 수월하다고 말한다.

단순히 주어진 일에 그냥 열심히 하지 않는다.

단지 내게 주어진 업에서 놓치지 말아야 할 것이 무엇인지를 생각하며 주인의식을 가지려고 단 1%를 노력할 뿐이다. 그렇게 매 순간을 진심으로 대하다 보면 어느 순간 좋은 결과도 만날 수 있더라.

임은영

나를 찾아가는 교직 생활
: 홀로 또 함께

두 달짜리 담임 교사의
러브 레터

 매년 새로운 학생들과의 만남에는 끝이 정해져 있다. 3월 첫 주에 만나고 대개 12월 말이나 1월 초에 헤어진다. 짧다면 짧고 길다면 긴 시간이지만 대부분의 이별은 아쉽기 마련이다. 그 중 가장 아쉬운 이별은 첫 발령을 받고 맡았던 5학년 6반 아이들과의 작별이었다. 그도 그럴 것이, 우리는 일 년이 아니라 두 달을 함께했기 때문이다. 이 이야기는 두 달짜리 담임 교사의 사랑과 후회가 담긴 러브 레터다.

 나는 대략 900명의 합격자 가운데 300등 정도로 임용 시험에 합격했다. 보통 이 정도 등수라면 발령까지 1년이 걸린다고 하여 6개월의 기간제 교사 생활 후, 제주도에서 가을을 만끽하며 여행을 하고 있었다. 그러다 10월 16일, 장학사님으로부터 내가 11월 1일자로 발령이 났다는 전화를 받았다. 아이들과의 첫 만남까지 남은 날은 단 보름이었다. 부랴부랴 학급 경영과 수업을 준비하며 바쁜 나날을 보냈고, 어느새 학교로 출근할 날이 성큼 다가왔다.

학교에 첫인사를 드리러 갔을 때 내가 11월에 발령받은 이유를 알게 되었다. 그 학교는 신도시에 생긴 학교였는데 주변에 새로 지어진 아파트 입주가 시작되면서 학생들이 끊임없이 전학을 오게 된 것이었다. 전학생이 점점 늘어나자, 5학년이 5개 반에서 6개 반으로 늘어났고, 그 6반이 바로 내가 맡을 반이었다. 그리고 6반 아이들은 기존 학급에서 무작위로 뽑혀 강제로 반을 옮기게 된 아이들이었다. 덜컥 겁이 났다. 기존 담임 선생님과의 라포(Rapport)나 학급에 대한 애정이 있을 텐데……. 아이들이 걱정과 불만을 한가득 품고 있을 것만 같았다.

드디어 찾아온 11월 1일. 걱정이 무색할 만큼 아이들은 나에게 환한 미소를 보내 주었다. 사랑스럽고도 다정한 그 얼굴들을 마주하자, 보름 동안 갖고 있던 나의 걱정은 눈 녹은 듯 사라졌다. 우리 반 아이들은 학교 지리를 잘 모르는 나를 위해서 어디든 따라다니며 나만의 내비게이션이 되어 주었다. 허둥지둥 분주하게 학교를 돌아다니다 가끔 수업 시간에 좀 늦게 오더라도 조용히 교과서를 준비하고 기다려 주었다. 늘 나에게 무조건적인 사랑을 보내 주었고 우리는 죽이 척척 맞았다. 내 교직 생활에 이런 아이들을 또 만날 수 있을까 싶을 만큼 아이들이 예뻤다. 학생들을 사랑한다는 게 이런 걸까? 곧 학년을 마친다는 생각이 들면 벌써 아쉬움이 가득했다. 그렇게 나는 일주일 만에 아이들과 사랑에 빠졌고 온 정성을 쏟았다. 매일 늦게까지 남아 학급 경영 방법을 연구하고 지도서를 꼼꼼하게 읽으며 재밌고도 새로운 수업을 준비했다. 아침을 기분 좋게 시작하기를 바라며 예쁜 시도 골라 정성껏 칠판에 적어두었다. 교실 이곳저곳을 예쁘게 꾸미고 매일 한 명의 아이를 골라 칭찬 편지도 썼다. 8시쯤 퇴근을 하고 집에 오면 쓰러지듯 침대에 누워 바로 잠이 들었지만 그 어떤 때보다도 보람차고 뿌듯한 나날이었다.

어느 날은 학교 신규 교사들이 모여 회복적 생활 교육 연수를 들었다. 연수 내용은 지혜롭게 갈등을 다루는 방법이나 공감하는 방법 등이었다. 연수가 시작되고 각자 자신의 삶에서 무엇이 감사한지 이야기하는 시간을 가졌다. 내가 어떤 말을 했는지는 기억이 나지 않지만 나보다 1년쯤 먼저 발령받은 선생님의 이야기가 인상적이었다. "내 얘기 들어주고 나랑 항상 밥 같이 먹어 줘서 고마워.

잘 들어주는 너에게 얘기하면 힘든 일도 다 사라져." 이 얘기를 들으며 나도 학생들의 이야기를 더 잘 듣는 교사가 되어야겠다고 생각했다. 행복한 학교생활을 하고 선생님에게 의지할 수 있도록 늘 귀 기울이는 교사가 되리라 다짐했다. 내가 아이들에게 의지하며 행복하게 가르치는 것처럼 말이다. 이어지는 연수에서도 공감과 경청의 힘을 느꼈다. 그리고는 아이들의 무한한 사랑을 다시금 되새기며 교실로 돌아가 칠판에 편지를 썼다. 러브 레터를 쓰는 심정으로 썼다 지우기를 반복했다.

너무나도 소중한 5학년 6반 공동체에게♡

안녕? 좋은 아침입니다!
오늘은 시 대신 선생님이 여러분께 편지를 써보려 합니다.
어제 선생님은 상담 교육을 들으며 '나는 6반 친구들을 참 많이
사랑하는구나.'라고 깨달았어.
우리가 함께 한지는 이제 한 달이 조금 지났지만,
이 짧은 시간에 너희들을 정말 많이 아끼게 되었단다.
너희 모두가 선생님을 위해,
우리 반 친구들을 위해 노력한 결과겠지!
지금처럼 한 사람이 아닌 "우리 모두"를 위해 함께 손을 잡고
나아가자.
매일 서로 아껴 주며 어제보다 더 행복한 하루를 만들자 우리♥
사랑을 가득 담아, 선생님이

누군가에겐 다소 오글거리게 느껴질 수도 있다. 하지만 이것은 나의 온전한 진심이었다. 이렇게 우리는 서로 사랑하며 행복한 두 달을 보냈다. 크고 작은 사건 사고도 있었지만 12월 종업식까지 참 만족스러운 두 달을 보냈다. 하지만 돌이켜 생각해 보면 후회되는 일도 있었다. 그 당시 나는 아이들을 위해 뭔가를 해야 한다는 생각에 여유가 없었다. 과제로 꽉 찬 아침 활동 시간, 빡빡한 수업, 매일 해야 하는 주제 글쓰기까지. 내 마음이 좀 더 여유로웠더라면 아이들을 한 번 더 바라보고, 더 따뜻하게 대했을 텐데. 하루하루 주어진 일들을 잘 마치기에 급급했던 신규 교사인 나에게는 꽤 어려운 일이었다. 눈이 오면 함께 눈사람을 만들기도 하고, 가끔은 숙제가 없는 날도 있었으면 좋았을걸. 내가 몸과 마음의 여유를 좀 더 갖고 있었다면 아이들과의 행복한 추억이 훨씬 더 많았을 것 같아 아쉬움이 남는다. 학창 시절 기억에 남는 선생님을 생각해 보자. 머릿속에 떠오르는 선생님은 수업을 잘하는 것보다는 학생들과 대화를 많이 하고 시간을 많이 보냈던 선생님이지 않은가. 다만, 그때는 힘을 빼고 서두르지 않는 법을 몰랐다. 마음은 앞서지만 모든 것이 서툰 선생님이었다.

지금껏 나의 마음 안에 살고 있는 나의 첫 제자들아. 다시 그때로 돌아간다면 너희를 더 많이 바라보고 더 많이 웃어주고 싶어. 매년 새로운 학생들을 만날 때마다 너희 같은 학생들을 또 만날 수 있을까 하는 기대를 해. 너희들이 건넨 사랑과 웃음 덕분에 선생님이 학생을 사랑하는 방법을 배웠어. 선생님과의 짧은 시간이 즐거웠기를 바라며, 언제 어디서나 늘 응원할게.

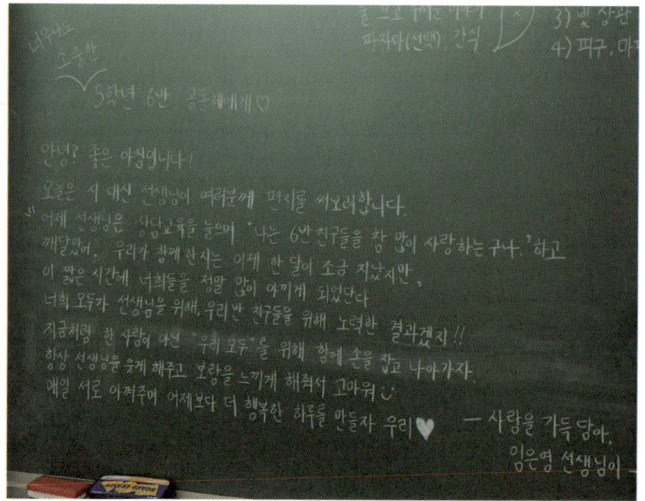

함께 성장하는
교사 동아리를 만들다

"너 내 동료가 돼라!"

일본 만화 원피스의 주인공인 루피가 자신의 해적단에 새로운 동료를 영입할 때마다 내뱉는 명대사다. 나는 만화에 아예 관심이 없는 편이지만 이 대사만큼은 알고 있다. 만화에 흠뻑 빠져 사는 친구의 말로는 단순히 동료를 모으는 것을 넘어, 루피가 동료들과 함께 꿈을 이루고 싶다는 진심을 표현하는 상징적인 대사라고 한다. 해적에게 험난한 파도를 헤쳐 갈 멋진 동료가 중요하듯, 교사에게도 교육의 길을 함께 걷는 든든한 동료가 필요하다.

'동료 교사'라는 말을 들으면 그동안 만났던 관리자, 부장님, 동학년 선생님 등 많은 분들이 떠오른다. 동료 교사는 우리 학급에 어려운 일이 있을 때 그 상황을 누구보다 잘 이해하며 아낌없는 조언과 따뜻한 지지를 보내주는 소중한 존재다. 멋진 동료 교사를 만나면 영감을 받거나 본받을 점을 발견하며 즐겁다. 하지만 때로는 학년 운영에 비협조적이거나 나의 교육 활동에 불만을 갖는 동료 교사를 만나며 무기력함을 느끼기도 한다.

공립 학교 교사들은 근무지를 옮기며 다양한 동료들을 만나게 된다. 하지만 그 중에서도 마음이 통하는 동료 교사들을 만난다는 것은 흔치 않은 행운이다. 그리고 그 특별한 행운이 내게도 찾아왔다.

겨울 방학 중, 전년도에 함께했던 동학년 선생님께 뜻밖의 연락이 왔다.

"선생님, 작년에 보니까 환경교육에 관심이 있는 것 같던데 우리 올해 환경교육 연구해 볼래요? 그리고 함께 하면 좋을 만한 다른 선생님도 있나요?"

지금껏 동료 교사는 단순히 같은 학년을 운영하는 동학년 정도로만 생각했는데, 무언가를 함께 공부하고 연구한다는 생각에 가슴이 두근거렸다. 잘 해보고 싶었다.

"너무 좋아요! 꼭 같이 해요!"

이 연락을 계기로 나를 포함하여 4명의 교사가 함께 모였다.

교사 1 : 4명을 모은 인맥왕. 추진력과 열정을 겸비했다.

교사 2 : 자료 조사 대장. 힘들 때마다 분위기 메이커가 되어 주었다.

교사 3 : 꼼꼼한 디자이너. 야근할 때마다 먹을 메뉴를 담당했다.

교사 4(나) : 타칭 황금 막내. 본의 아니게 최종 결정을 맡았다.

우리 동아리의 첫 발걸음은 교육지원청의 연구회 지원 사업에 도전하는 것이었다. 지역 연구회로 선정되면 연구에 필요한 예산을 지원해 주는 사업이었다. 단, 디지털과의 연관성을 갖추어야 한다는 조건이 있었다. 그래서 우리는 '에듀테크를 활용한 환경교육'을 연구하겠다는 지원서를 정성껏 작성하여 제출했다. 떨리는 마음으로 결과를 기다렸다. 결과 발표 몇 시간 전, 담당 장학사님으로부터 전화를 받았다. 연구 내용이나 취지가 좋지만, 연구회 인원이 4명으로 너무 적어서 뽑아줄 수 없다는 내용이었다. 분명 공문에는 인원에 대한 내용이 없어서 인원은 중요하지 않다고 생각했는데 착각이었다. 공문에 기재되어 있지는 않지만 적어도 10명은 되어야 선정해 줄 수 있다고 하셨다.

"필수 인원이 있다면 공문에 명시해 주셔야 하는 것 아닌가요?

공문에 있는 다른 조건은 모두 충족했는데 인원 때문에 선발되지 않는 건 이해하기 어렵습니다."

"예산이 지원되는 사업이기 때문에 어느 정도의 인원이 꼭 필요해요. 이 정도는 다른 선생님들은 다 다 알아요. 다른 지원자들도 인원이 그 정도는 됩니다."

아쉽고도 분한 마음에 전화를 걸어서 의견을 전했지만, 돌아온 답변은 당연한 상식을 몰랐다는 듯한 말뿐이었다. 순간 화도 났지만, 이미 지나가 버린 일이었다. '공문에만 적혀 있었더라면 더 많은 선생님들을 모았을텐데……' 곱씹어보니, 주변 부장님이나 관리자께 미리 조언을 구했다면 알 수 있었을지도 모른다. 그렇게 다음부터 시작 전에 반드시 주변의 조언을 구하자는 또 하나의 교훈을 얻었다. 비록 우리의 첫 발걸음은 자국조차 남기지 못했지만, 이 작은 실패는 오히려 더 뜨거운 의지를 안겨주었다.

아쉬움은 잠시. 연구회에 선정되지는 못했더라도 스스로의 힘으로 연구 동아리를 운영해보기로 했다. 예산 지원은 없었지만, 열정만큼은 누구보다 가득했다. 목표는 단 하나, 1년 동안의 연구 결과를 보고서로 엮어 교총 주관 현장연구대회에 출품하는 것이었다. 먼저 처음 작성했던 지원서를 바탕으로 '에듀테크를 활용한 환경교육'을 심화하여 연구 주제를 설정했다. 학생들이 좋아하는 기념일을 활용해 흥미를 유도하고자, 월별 환경기념일을 도입했다. 그리고 3월부터 12월까지 매달 환경기념일과 관련된 하나의 주제를 정해 4주 동안 프로젝트를 운영했다. 그 과정에서 다양한 에듀테크 도구를 적재적소에 활용하고자 했다. 머리를 맞대고 만든 우리만의 프로그램. 교육과정을 분석하고, 직접 성취기준과 역량 측정 도구까지 제작하는 과정은 힘들지만 즐거웠다. 그렇게 한 해를 밤낮없이 학교에 남아 서로를 북돋으며 결과물을 완성했다.

드디어 12월이 되었다. 출품을 2주 앞두고 연구대회 입상 경험이 많은 선생님께 피드백을 요청했다. 하지만 돌아온 말은 충격적이었다.

"제목부터 꽝이에요. 심사위원들은 제목 보고 나서야 내용을 봅니다. 이건 제목에서부터 이미 탈락이에요."

연구 내용이나 결과는 좋은데 연구의 필요성이 어필되지 않고, 제목에도 시선이 가지 않는다는 답변을 듣고 허탈했다. 몇 달을 쏟아부은 우리의 노력이 이렇게 무너지다니. 그렇다고 주저앉을 수는 없었다. 남은 시간 동안 치열하게 보고서를 갈아엎었다. 결혼식을 앞두고 있었지만 휴식 따윈 없었다. 막내 결혼식까지 보고서 들고 가겠다는 농담이 진담처럼 느껴질 정도로 최선을 다해 수정을 했다. 제대로 먹지도 못하고 보고서 수정을 하는 덕분에 볼살이 홀쭉해져서 결혼식 전 다이어트를 할 필요도 없었다. 이렇게 고군분투하며 결국 보고서를 출품했다.

결과는? 입상 실패였다. 기대했던 3등급조차 받지 못했다. 하지만 이상하게도 후회는 없었다. 우리에겐 상장보다 더 값진 서로가 남아 있었기 때문이다. 1년 동안 열정과 배움을 함께 나누며 성장한 진정한 동료가 생긴 것이다. 비록 연구가 끝난 후 모두 다른 지역으로 이동하게 되어 연구 동아리는 자연스럽게 마무리 되었지만 여전히 서로의 든든한 응원자이자 좋은 친구로 남아 있다. 좋은 기회가 있을 때 함께 해보자고 제안하고, 서로가 하는 일을 누구보다 응원해 주는 그런 동료 사이가 되었다.

그리고 동료들과의 도전과 경험은 나에게 하나의 질문을 남겼다. '교사로서 나는 어떤 전문성을 키울 것인가?' 연구대회 출품 과정 속에서 나는 환경교육과 에듀테크에 깊은 관심을 갖게 되었고 그 중요성에 깊이 공감했다. 그래서 환경교육과 디지털 활용 교

육을 중심으로 끊임없이 배우고 부딪히며 크고 작은 도전을 이어갔다. 연구회 가입, 다양한 연수 참여와 강사 활동, 자료집 제작, 지원단, 각종 선도 교사까지. 때로는 실패했고, 때로는 예상치 못한 기회가 찾아왔다. 여기저기 문을 두드리고 꾸준히 공부한 결과, 작은 날갯짓이 나비효과처럼 새로운 길을 열어 주었다. 동료들이 없었다면 갈 수 없었던 새로운 세상이 열린 것이다. 함께 도전하고, 함께 성장하며 동료 덕분에 더 넓은 세상을 볼 수 있게 된 것이다.

나에게 동료란, 혼자서는 넘을 수 없는 파도를 함께 건너게 해주는 사람이다. 초등 교사에게 동료란, 크고 작은 파도 속에서 용기를 잃지 않고 함께 노를 저어가는 든든한 동반자이다. 교사로서의 보람과 성취, 때로는 걱정이나 고민을 나누며 교육의 목표와 가치를 잊지 않도록 방향을 잡아주는 나침반이기도 하다. 파도가 끊이질 않는 교실 속, 끝없는 항해를 함께 할 진정한 동료를 만난다면 어떤 거친 물결도 헤쳐 나갈 수 있음을 믿는다. 그렇기에 이 글을 읽는 선생님에게도 조심스럽지만, 감히 이런 제안을 드려본다. 함께 성장할 동료를 찾고, 먼저 손을 내밀어 보시길. 그리고 언제든 멋진 동료에게 외쳐 보시길.

너 내 동료가 돼라!

🥄 한 스푼 성장 레시피 - 좋은 동료를 찾는 방법

동료들과 함께 할 수 있는 기회는 생각보다 많다. 그래서 나는 업무 포털이나 교사 커뮤니티에서 관심 있는 키워드를 꾸준히 검색한다. 또 학교 안팎에서 자연스럽게 인연을 만들기 위해 다양한 활동에도 도전한다. '좋은 동료'는 준비된 교사에게 찾아오기도 하지만, 때로는 내가 먼저 손을 내밀 때 비로소 생기는 법이다.

1. 학교 안에서 관심사 소문내기

동료를 만나는 가장 쉬운 방법은 바로 내 주변에서 시작하는 것이다. 많은 교사들이 비슷한 관심사를 갖고 있지만 말하지 않으면 서로 모른 채 지나가기 쉽다. 나는 학교 내 회의나 연수, 티타임 등에서 자연스럽게 관심 분야를 드러냈다. "선생님, 저 환경교육에 관심 있어요."라고 가볍게 말했을 뿐인데, "어? 저도 환경 수업 해보고 싶었는데!" 가벼운 대화 한 마디가 계기가 되어 함께 수업 아이디어를 나누는 관계로 발전했다. 생각보다 많은 선생님들이 "저도 관심 있어요."하고 다가온다.

2. 연수는 인맥 만들기의 장

연수는 단순히 배우는 자리가 아니다. 비슷한 관심사를 가진 동료를 만날 수 있는 절호의 기회다. 연수에서 조별 활동 시간, 쉬는 시간 등에 나눈 대화가 생각지도 못한 인연으로 이어지는 경우가 있다. 연수에서 조별 활동이나 네트워킹 시간을 적극 활용하고 인연을 이어나가자.

3. 교사 연구회 가입

현재 나는 반올림 스쿨 연구회, 초등 정보화교육 연구회, 헬로메이플 선도연구회 등 다양한 연구회에 가입해 활동 중이다. 교사 연구회는 같은 관심사로 모인 동료들과 자율적으로 운영되며, 도교육청과 교육지원청에서 연구비 지원 공모도 자주 열린다. 연구회를 새롭게 만드는 것이 부담스럽다면 공문을 수시로 확인하여 기존 연구회에 합류하는 것도 방법이다. 예를 들어 환경교육에 관심이 있다면 '환경', '모집', '지원단' 등의 키워드를 자주 검색해 보자. 처음 보는 자리가 어색해도, 몇 번 만나다보면 자연스럽게 동료가 되고 배움과 영감을 주고받게 된다.

마음만은 신규인
헌규 교사 이야기

"신규치고 참 잘한다~"

신규 시절, 부장님들께 종종 들었던 칭찬이다. 꼼꼼하고 섬세한 성격을 지닌 나는 무슨 일이든 성실히, 계획적으로 한다. 먼저 나서서 학년 일을 돕거나 아이디어를 내려고 노력하기 때문에 예쁨을 많이 받았다. 그래서 가끔 실수를 하더라도 다들 귀엽게 여겨 주셨다.

첫해에 했던 깜찍한 실수가 떠오른다. 학년 부장님께서 다음 학년도 학급 편성을 해오라고 하셨다. 나는 학교마다 학급 편성 방법에 기준이 있는 것을 몰랐다. 교사의 재량껏 편성하면 되는 줄 알았다. 그래서 교우 관계, 성적, 성격 등을 열심히 고려하여 고심 끝에 학급 편성을 해갔다. 부장님께서는 유심히 명부를 보시더니 어떻게 편성한 거냐고 물어보셨다. 나의 자신감 넘치는 설명을 듣자, 부장님은 황당함이 섞인 얼굴로 웃으시며 "우리 학교는 생년

월일로 먼저 편성을 하고, 학년에서 함께 모여서 조정이 필요한 부분을 찾아요."라고 하셨다. 내 얼굴과 귀가 순식간에 빨개졌고, 나는 어서 다시 해오겠다며 후다닥 내 교실로 도망쳤다. 신규였기에 그저 귀엽게 여겨졌던 에피소드다.

하지만 언제까지 신규 교사일 수는 없다. 이제는 '신규라서 그럴 수 있다'는 말을 들을 연차가 아니며, 그런 말은 스스로 용납하기도 어렵다. 아직 마음만은 신규지만 어려운 일이 닥쳐도 우리 학급의 일은 스스로 해결해야 하며 나의 업무는 내가 책임져야 한다. 하지만 7년 차 교사인 나에게 아직도 학교에는 어려운 일이 많다.

아직도 3월은 힘들다

나에게 3월은 1년 중 가장 힘든 달이다. 해봤던 학년과 업무를 맡아도 그랬지만, 지금껏 대부분 새로운 학년과 업무를 맡아 왔기 때문에 늘 바쁜 하루하루를 보냈다. 4학년 아이들은 원래 이런가? 기초 학력 업무는 어렵지 않을까? 새로 만난 동학년 선생님들은 어떨까? 여러 생각을 하며 주어진 일을 정신없이 해치운다. 처음에는 내가 신규 교사라서 이렇게 바쁘고 힘든 줄 알았다. 시간이 지날수록 괜찮아질 거라는 희망을 안고 열심히 버텨 왔지만 연차가 쌓여도 매년 새 학기는 똑같았다.

3월은 끊임없는 탐색전이 펼쳐진다. 교사는 아이들을 관찰하며 그들의 특성을 파악하려 한다. 아이들도 마찬가지다. 우리 선생님은 어떤 성격인지 알아보며 어디까지 우리를 받아 주는지 교사를 시험에 빠뜨린다. 업무 파악을 하려면 작년 문서등록대장을 모조리 살펴봐야 한다. 동학년 교사들이 단합을 좋아하는지 개인적인 성향인지 파악하는 것도 필수다. 이렇게 학년, 업무, 사람에게 적응해 가는 기간이 바로 3월이다. 신규 교사에게만 3월이 힘든 것이 아니다. 그렇지만 이 힘들고 바쁜 기간은 순탄한 1년을 만들기 위한 초석이다. 더 즐거운 교실을 만들기 위해 단단하게 쌓아가는 시간이기에 늘 그랬듯 최선을 다한다.

선생님, 부장을 해보시겠어요?

첫 발령지에서 5년을 보내고 학교를 새로 옮기며 인사를 드릴 겸 교무실에 갔다. 교감 선생님께서는 "신규들이 많은 학교인데 이렇게 경력 교사들이 많이 오니 참 든든하네요."라고 말씀하셨다.

그 순간, 큰 부담감이 나를 덮쳤다. '큰일 났다. 교감 선생님 눈에는 내가 경력 교사로 보이는구나. 부장 교사를 시키면 어떡하지?'하며 눈치를 살피기 시작했다. 다행히 나보다 훨씬 경력이 많으신 선생님들께서 부장 교사를 맡아주셔서 피할 수 있었다.

그리고 1년 후, 학년과 업무 희망서를 낼 때가 찾아왔다. 동료 선생님들께서 다들 이제 부장을 할 때가 되지 않았냐고 이야기하시고, 다른 학년에서도 나를 찾아와 보직 교사(부장)를 희망하는지 물어보았다. 큰 규모의 학교가 아니었기 때문에 보직을 맡으면 학년 부장과 업무 부장을 동시에 겸해야 했기에 너무 부담스러웠다. 업무 부장은 열심히 하면 할 수 있을 것 같은데, 동학년을 이끌어야 하는 학년 부장은 지혜와 경력이 쌓여야 할 수 있는 자리처럼 느껴졌다. 또 내가 도전하고 있는 일들이 이제야 조금씩 성과를 내고 있었기 때문에 개인적인 일에 좀 더 집중하고 싶었다. 이러한 이유로 나는 부장 교사를 희망하지 않는다는 뜻을 조심스럽게 내비쳤다. 하지만 머지않아 보직을 맡아야 할 때가 다가오고 있음을 느끼고 있다. 다음 업무 분장때 기회가 온다면 거절하지 않고 도전해 봐야겠다. 분명 그때의 나는 최선을 다해 주어진 일을 할 것이다.

금쪽이와의 궁합 맞추기

학급 명부가 담긴 봉투를 열어볼 때면 두근거리는 심장을 멈출 수가 없다. 어떤 아이들을 만나느냐에 따라 1년 동안 교사로서 삶의 질이 결정되기 때문이다. 우리 반에 금쪽이가 없기를 바라면서 봉투를 열어 이름을 하나하나 살펴본다.

나는 금쪽이라는 말을 좋아하지는 않는다. 아주 귀하고 소중한 것을 나타내는 '금쪽'이라는 단어가 TV 프로그램에서 문제 행동을 하는 아동을 지칭하는 뜻으로 쓰였다. 이때부터 문제 행동이나 미성숙한 행동을 하는 아이들에게 쉽게 '금쪽이'라는 꼬리표를 붙이는 것 같아서 우려스럽다. 그래서 이 글에서는 금쪽이 대신 '보석'이라고 지칭하고자 한다. 다듬어지지 않았지만, 적절한 지원과 사랑이 있다면 빛나는 보석으로 자라날 아이들이기 때문이다.

지금껏 다양한 보석들을 만났다. 어떤 보석은 1년을 함께하며 눈에 띄게 성장했다. 어떤 보석은 큰 변화가 없었다. 어떤 보석은 점차 가르치기 힘들어졌고 다음 학년에 진급해서도 더 나빠지고 있다는 소식을 듣기도 한다. 나는 모든 아이들에게 최선을 다해 관심과 사랑을 쏟고 생활 지도를 한다. 대부분의 학생은 교사와 라포(Rapport)를 형성하며 긍정적으로 변화하고 성장하지만, 그렇지 않은 보석들도 당연히 존재한다. 아이마다 받아들이는 방식과 반응하는 속도가 다르기 때문이다. 어떤 아이는 따뜻한 지지와 격려를 통해 성장하고, 어떤 아이는 강한 동기 부여를 필요로 한다. 다양한 방식으로 접근해 보아야 한다.

하지만 어떤 교육적 방법도 통하지 않는 보석이 있다. 과연 이것이 교사의 잘못일까? 결코 그렇지 않다. 보석과 나의 궁합을 맞추는 것은 중요하지만 어떤 노력을 해도 맞지 않을 수도 있다. 나는 이 사실을 5년이 지나서야 깨달았다. 그래서 지금은 최대한 노력하되, 내가 기대한 만큼 변화하지 않더라도 스스로를 탓하기 않기 위해 애를 쓴다. 중요한 것은 보석들을 끝까지 믿어주고 그들이 성장할 수 있는 환경을 만들어주는 것이다. 기대치만큼 변화하지 않더라도 아주 작은 성장은 분명 있을 것이다. 눈에 띄지 않는다고 해서 실패한 것이 아니다. 매년 새로운 아이들, 보석들과 궁합을 맞추는 일은 어렵지만 보람 있고 교사만이 할 수 있는 일이다.

교사로서의 일은 언제쯤 쉬워질까? 감히 예상해 보자면 그런 때는 없을 것 같다. 내가 고경력 교사나 관리자가 되어도 힘든 일은 있을 것이다. 그래서 앞으로는 다가올 어려운 일에 대한 두려움을 떨쳐 내고자 한다. 미리 걱정하기보다는 그 상황이 오면 진심을 다해서 나의 일을 할 것이다. 진심이 통하면 분명 어려운 일도 쉬운 일이 되고, 나를 도와주는 동료나 학부모가 존재할 것이라 믿기 때문이다.

어느덧 교직 7년 차. 학교 일이 낯설고 어려웠던 신규 시절을 지나, 이제는 후배들에게 가끔 조언을 건넬 만큼의 경험이 쌓였다. 그러나 여전히 배울 것이 많고, 더욱 성장하고 싶다. 신규 교사의 열정과 간절함, 그리고 경력 교사의 능숙함과 지혜를 두루 갖춘 멋진 교사가 되기 위해 오늘도 묵묵히 나의 교실에서 최선을 다할 것이다.

한 스푼 성장 레시피- 신규 교사에게 전하는 작은 조언

1. 동료 교사에게 예의 지키기

생각보다 교직 사회는 좁다. 늘 예의를 지키고, 인사를 잘하자. 항상 양보할 필요는 없지만, 서로 배려하는 것이 좋다. 교직 생활을 할수록 생각보다 가까운 인연을 많이 만나게 된다. 하나의 예를 들자면 나는 생태환경교육 리더교사 양성 연수에서 만난 2명의 선생님과 교실혁명 선도교사 연수와 경기도 교육청 AIDT 강사 양성 연수에서 만났다. 또 함께 경기도 교육청 환경교육 자료집을 제작하고 그 다음 해에는 코딩 연구회에서 만났다. 이어서 지역 환경교육 자료집 제작 팀장이 되었고, 셋 다 초보 팀장이라 서로 도움을 주고 있다. 길지 않은 경력임에도 교직 사회가 참 좁다는 것을 절실히 느꼈다. 언제 어디서든 늘 예의를 갖추고 말과 행동을 신경 쓰는 것이 좋다.

2. K에듀파인의 문서등록대장 자주 살펴보기

문서등록대장에는 생각보다 다양한 기회가 많다. 신규 교사를 위한 연수, 강사 양성, 지원단 모집부터 교직원 마음 건강을 위한 상담, 탁구나 기타 등 예체능 연수까지 수많은 프로그램이 있다. 잘 살펴보고 해보고 싶은 것들은 부담 없이 지원하자. 1급 정교사 자격 연수 혹은 5년 이상의 경력 등을 요하는 것도 있지만, 그렇지 않은 것들이 훨씬 많다.

3. 퇴근 후에는 나만의 생활 찾기

나는 잔걱정이 많은 편이다. 학부모의 민원이 있을 때나, 학생들 간의 문제가 있을 때에는 퇴근 시간 이후 집에서도 늘 그 생각에 빠져 있었다. '내일 출근했는데, 이런 전화가 오면 어떡하지?', '아, 이렇게 말할 걸 그랬나.' 등의 걱정이 끊이질 않았다. 어느 날은 퇴근길 지하철에서 두려움에 빠져 왈칵 눈물을 흘리는 나를 보며 교사로서의 자아에 하루 종일 몰입해 있는 것은 스스로에게 해롭다는 결론을 내렸다. 그래서 학교를 벗어난 저녁 시간에는 나의 생활을 찾기 위해 부단히 노력했다. 지금은 맛있는 요리를 해서 잘 차려진 저녁을 먹는 것과 요가원에 가서 요가 수련을 하는 즐거움을 찾았다. 교사로서의 자아를 내려놓고, 온전히 나의 생활을 찾는다면 더 오랫동안 교직 생활을 이어갈 수 있을 것이다.

최지원

병아리 영양 교사의
학교 급식 도전기

: 매뉴얼엔 없는 진짜 일들

신설교에 신규 영양 교사 발령?
그리고 통합 학교

"급식이 제일 중요해."

2022년 드디어 임용에 합격했다. 6개월의 대기 발령을 보냈고 초등학교에 발령이 났다. 발령을 받았다는 설레는 마음과 함께 왠지 모를 불안함을 가진 채 하루 하루를 보냈다. 왜냐하면 나는 기업체와 학교 모두 경력이 없었기 때문이다. 아무것도 모르는 게 당연했다. 대학 졸업 후 대학원을 진학해 교원자격증을 취득했고, 2번의 임용 끝에 합격했기 때문이다. "햇병아리 같은 내가 잘할 수 있을까?"라는 물음은 발령 받은 후로 계속되었다.

그러던 중 개교 전 8월. 학교에서 연락이 와 출근하게 되었고 여러 선생님과 관리자분들을 만날 수 있었다. 인사를 드리며 영양교사라고 소개를 하였고 내가 들은 첫 말은 "급식이 제일 중요해"라는 말이었다. "왜지?" 당황스러움과 함께 이유를 여쭤보니 인근의 초등학교가 급식으로 민원을 많이 받았기 때문이라고 말씀해 주셨다. 개교하는 학교인 만큼 전입 오는 학생들이 많으니 급식에 신경을 쓰고 더욱 열심히 하라는 말로 들렸다. 급 부담감이 오기 시작했다. 그럴 수밖에 없다. 영양 교사는 학교에 1명 밖에 없다. 고유 업무를 한다. 일을 알려줄 상사도 동료도 이 학교에 없다. 지금 내 앞에 보이는 상황은 이러했다. 영양 교사실엔 앉아서 일할 책상과 의자, 컴퓨터와 프린터도 없다. 아무것도 없다. 그래도 손을 놓고 있을 수는 없었다. 개교가 2주밖에 남지 않았다. 그래서 내가 지금 당장 할 수 있는 것에 집중하기로 했다.

집단 급식소 설치 신고하기

누구에게든 도움을 받아야만 했다. 급식 기구를 납품하시는 사장님께서 감사하게 관내의 영양 선생님을 소개해 주셨다. 선생님의 첫마디는 "집단 급식소 설치 신고했어요?"였다. 순간 머리가 멍해졌고 안 했다고 답을 했다. 신고해야 급식이 가능하다고 말씀하셨다. 그게 제일 먼저라며 신설 학교 급식 매뉴얼 파일을 보내 주셨고 무엇부터 해야 하는지 알려 주셨다. 많은 파일을 보며 나는 아무것도 모른다는 것을 한 번 더 알게 되었다. 신고하기 위해서는 위생 교육을 이수해야 했고 보건증도 발급 받아야 했다. 수많은 신고 서류들도 작성해야 한다. 급식을 위한 첫 번째 노력이 시작되었다.

보건증이 필요하다고 알게 된 날 퇴근 후 바로 보건소로 보건증을 만들러 갔다. 정신없어 보건증마저 신경 쓰지 못했다. 한심하다고 생각하며 보건소에 사정하여 빠르게 보건증 발급을 해주실 것을 부탁드렸다. 보건증이 발급된 뒤 서류들을 챙겨 시청에 집단급식소 설치 신고를 하러 갈 수 있었다. 신고를 위해서는 내가 생각하는 것보다 많은 과들을 돌아다니며 확인을 받아야 했다. 무더운 여름이었고 비까지 내리는 날이었다. 습한 느낌에 몸이 축축 처지고 더욱 지쳐 갔다.

몇 개의 과를 돌았는지 모르겠다. 다음 순서는 건축과에 가서 확인을 받을 차례였다. 그런데 문제가 생겼다. 우리 학교 부지에 건축물대장과 관련된 것이 올라오지 않아 허가를 못 내준다는 것이었다. 당황스러운 마음으로 일단 학교로 전화를 걸었다. 현재의 문제에 대해서 설명드렸고 신고되지 않으면 개교하는 날 급식을 못한다고 말씀드렸다. 그렇게 수많은 통화 끝에 4시간 만에 집단 급식소 설치 신고를 할 수 있었다.

설치를 마치고 어이없는 상황에 눈물이 났다. "나 뭐 하고 있는 거지?"라는 생각을 했다. 그때 전화가 왔다. 소개받은 영양 선생님이었다. 고생했다고 얼른 퇴근하라고 하셨다. 아직 정식 발령도 못 받은 8월의 내가 걱정되셨나 보다. 그날 느꼈다. 영양 교사 일이 만만치 않겠다. 그렇게 급식을 시작할 수 있었다.

도움받기와 메모하기

첫 발령지인 평택은 신규인 영양 교사가 근무하기 좋은 지역이라고 생각했다. 신규 영양 교사를 위한 멘토, 멘티 제도가 있기 때문이다. 이 제도 덕분에 나의 멘토 선생님께 직접적으로 도움을 받을 수 있었다. 또, 발령 연도인 2022년엔 평택 영양 교사 동기도 여러 명이라 집단 지성을 발휘할 수 있었기 때문이다. 선배 영양 선생님들껜 죄송하지만 전화와 메시지 등으로 연락을 많이 드렸다. 너무 백지 상태인 신규라 경력 선생님께 연락하기가 두려웠지만 친절하게 잘 알려 주셨다. 감사했다. 영양 수업 자료 이외에 기안 작성 자료 등등 유용한 자료를 많이 주셨다. 두려워도 도움을 구하길 잘했다고 생각했다.

하지만 다른 업무들은 연락과 자료를 통해 해결할 수 있었지만 나이스 업무(식단 관련 업무)는 전화로 배우기에는 무리가 있었다. 나이스 업무를 어려워하는 나를 위해서 멘토인 영양 선생님은 학교급식 업무를 다 마치시고 4시에 퇴근하셔서 우리 학교로 와 업무를 가르쳐주셨다. 며칠을 밖이 깜깜해질 때까지 식단 작성하는 법, 영양량 조절하는 법, 급식 품의하는 법, 품의 목록을 작성하고 발주하는 법 등 세세하게 알려 주셨다. 나이스 배우랴 받아 적으랴 정말 정신이 하나도 없었다. 그래도 배운 것을 잘 적어놓는 것이 중요했다. 다음 달엔 도와주는 사람이 없다. 물어봤던 것을 또 물어보면 죄송하고 민망한 상황이 오니 최대한 꼼꼼하게 적고 정리해 놓는 것이 중요하다. 내가 업무에 익숙해질 때까지 적어놓는 습관과 메모하는 습관을 가지시길 바란다.

식단에서 중요한 것을 찾기

우리 학교는 9월에 개교했기에 학교의 설립을 맡아준 옆 학교에서 작성한 식단으로 급식이 제공되었다. 10월에도 아직 일이 익숙하지 않은 나를 위해서 선배 영양 선생님의 식단으로 급식이 나갔다. 10월 초 11월부터 학생들에게 제공할 내 식단을 처음으로 짜기 시작했다. 설레고 묘한 10월 초였다.

식단을 짤 때는 고려해야 할 것이 많다. 학생들의 영양량을 맞추면서 전체적인 색감과 구성도 고려해야 했고 실질적인 학교 급식 대상자의 좋아하는 메뉴, 선호하는 메뉴를 위주로 하여 식재료가 중복되는지 체크해야 한다. 또 조리 종사자의 업무 능력과 조리 기기 중복 확인해 우리 학교 사정에 맞는 급식을 만들어야 한다. 그리고 신메뉴를 개발하는 것도 필요했다. 영양 교사로서 학생들이 매일 먹는 급식이 지루하다고 느끼지 않았으면 했다. 그래서 새로운 신메뉴나 디저트를 많이 도전했다. 이 모든 것을 생각하여 식단을 작성하다 보니 시간이 오래 걸릴 수밖에 없었다. 그중 내가 무엇을 우선순위에 두고 식단을 짤지 고민을 해본 결과 나는 위의 전체적인 것을 고려하지만, 순서로 세우자면 영양량, 색감과 구성, 선호 메뉴, 신메뉴 및 디저트, 조리 종사자 능력 순으로 식단을 작성했다. 발령 후 한 달간 그리고 입찰 기간 계속되는 초과 근무로 힘들어도 학생들이 맛있게 먹는 모습을 보며 뿌듯함을 감출 수 없었고 교직 생활을 이어나갈 수 있는 원동력이 되었다. (선생님이 식단을 작성할 때 저와는 다른 부분을 고려할 수도 있고 우선 순위도 다를 수 있습니다. 맞고 틀리다고 할 수 없으니 나를 믿고 내 식단이 최고다 생각하며 식단을 작성하길 바랍니다.)

초등학교 영양 교사에서 통합 학교 영양 교사로 승진

장학사님께서 9월에 개교하는 2개의 학교 중 한 곳으로 발령받게 될 것 같다고 했을 때 통합 학교만은 발령이 나지 않았으면 했었다. "초등학교면 초등학교, 중학교면 중학교지 통합 학교는 뭘까?" 하고 좋은 반응은 아니었다. 그러다 통합 학교로 발령받았다는 것을 알고 조금은 충격이었지만 힘들어도 빨리 적응해서 영양 교사로서 해보고 싶었던 것을 해보자고 생각했다. 그리고 나름 좋은 점도 있었다. 초등학생과 중학생을 한 번에 겪어 볼 수 있다는 것이다. 나에게 맞는 급을 일찍 찾을 수 있겠다는 생각과 신규지만 누구보다 빠르게 성장할 것이라고 기대했다.

일찍 벌크 업을 한 것은 맞았다. 2023년 개학 전 2월부터 정말 바빴다. 초등학교 신입생 및 개교하는 중학생들의 양을 생각해 식단을 작성해야 해서 높은 영양량을 맞추는 것이 정말 힘들었기 때문이다. 개학하고 3월은 어떻게 지나갔는지 모르겠다. 학기 초라 어색한 학생들과 선생님들 그리고 초등과 중등이 함께 사용하는 급식실은 얼마나 아수라장일지 상상도 못 할 것이다.

거기에 더해 통합 학교와 관련된 문제들이 터지기 시작했다. 두 학교의 업무를 하는 사람은 영양 교사 말고도 더 있었다. 교장 선생님과 행정실이었다. 이 세 그룹은 양쪽의 학교, 즉 두 개의 학교 일을 해야만 했다. 2년 반이 지난 지금 다들 너무 힘드셨을 것이다. 신설된 학교가 자리를 잡는데 교직원의 피나는 노력과 긴 시간이 필요하다. 더군다나 통합 학교라니, 이 통합 학교에서 영양 교사로서 많은 것을 배우기도 하였지만 힘든 일도 많았다. 말이 통합 학교지 두 개의 사업자였고 두 개의 학교를 관리해야 했다.

첫 번째로는 급식비 관련 업무였다. 붙어 있는 공동조리교를 관리하는 것과 같았다. 통합 학교라고 하지만 다른 학교이기 때문에 무상 급식비가 들어오는 통장도 2개로 달랐다. 두 학교의 무상 급식비를 관리하고 두 학교의 다른 학사 일정으로 각 학교의 교직원 급식비도 따로 관리해야 했다. 중학생들의 무상 급식비를 전출해 초등학교 예산으로 전입시켜 사용해야 하기 때문에 세입과 세출도 더욱 복잡했다. 교직원 급식비 단가의 경우에도 유치원과 초등 단가가 같고 중학교와 고등학교 단가가 같기 때문에 초중 통합 학교는 교직원 단가가 애매했다. 이걸로 인해 교육청과 교육지원청에도 연락을 많이 했지만 속시원한 답을 얻지 못했다. 예산요구서도 당연히 초등 1개, 중등 1개로 2개 작성했다.

두 번째 식단 관련 문제였다. 통합 학교지만 학사 일정은 달랐다. 그래서 두 학교의 학사 일정(축제, 현장체험학습, 개교기념일 등)을 확인해 식단을 작성해야 했다. 한쪽은 조리교, 한쪽은 비조리교로 원래도 공유가 안 되는 학사 일정을 양쪽 학교 확인을 받고 일을 했다. 시간이 더 걸릴 수밖에 없었다. 효율적인 것을 좋아하고 성격이 급한 나에게는 답답한 학교, 힘든 학교가 아닐 수 없었다.

이 외에도 가정통신문 초등 1개, 중등 1개로 총 2개 작성하고 정보공시를 2번 진행했으며 학교 급식 설문 조사도 학교별로 진행하였다. 공문 접수의 경우에는 2023년엔 양쪽 학교의 공문 문서 처리를 진행했다. 한 학교에서 같은 공간에서 근무하지만, 너무 다른 체계와 성향으로 머리가 아프고 비효율적이게 일을 해야만 했다. 그렇게 통합 학교에서 영양 교사의 비효율적인 근무 환경을 효율적으로 근무할 수 있는 환경으로 만들기로 하였다. 그래서 공식적으로 비조리교에 학교급식 담당자를 지정할 것을 요청하였고 2024년엔 비공식적으로 담당자가 지정되었고 2025년엔 공식적으로 담당자가 지정되었다.

영양 교육(식생활 지도)과 환경 교육으로 학생에게 다가가기

그래도 학생들을 만나 봐야 하지 않겠어?

발령 후 영양 교사로서 급식뿐 아니라 영양 교육, 식생활 지도에도 많은 시간을 쏟아야 했다. 초과 근무를 하며 멘토 선생님께 일을 배우고 있던 중 전화가 왔다. 교감 선생님이셨다. 전화를 받아 보니 영양 수업을 언제 들어가겠냐고 물으셨다. 순간 멍했다. 영양 교사는 모든 학급에 연 2차시 수업을 들어간다. 옆에서 전화를 듣고 있던 선생님께서는 "신규에 지금 학교 급식도 안정화가 안 되었고 아무것도 모르는데 무슨 수업이야! 내년부터 하겠다고 하세요."라고 말씀하셨다. 똑같이 말씀을 드리니 "그래도 첫 학생들인데 학생들을 만나 봐야 하지 않겠어?"라고 하셨다. 내 영양 수업이 걱정되기도 하고 여유롭게 시작하고 싶기도 했지만 그래도 용기를 내기로 했다. 모든 학급에 1차시씩 수업에 들어가기로 결정되었고 그렇게 나의 첫 학생들을 교사로서 만나게 되었다.

영양 수업의 경우엔 교과서가 따로 없고 2차시라서 수업에 필요한 PPT 등을 직접 만들어서 수업하기도 하고 다른 선생님의 자료를 공유받아 영양 수업을 진행한다. 다행히 친한 선생님들께서 선뜻 자료를 공유해 주셨다. 많은 자료 중에서도 학생들에게 무엇을 가르칠지 어떤 자료를 사용할지는 영양 교사의 재량이다. 나는 어떤 수업을 할지 고민한 결과, 학생들이 수업을 지루하다고 생각하지 않았으면 했고 기억에 남는 수업을 하고 싶다는 결론에 도달하였다.

고민 끝에 학생들이 재미있게 참여를 할 수 있는 수업을 구성해 보기로 하였다. 6학년 수업으로 영양 골든벨이었다. 도서관에서 책을 빌려 도전 골든벨처럼 구성하였다. 미리캔버스를 활용하여 ppt를 만들었다. 골든벨에 맞게 정답을 적어서 내는 판도 이쁘게 만들어 코팅하고 학생들에게 하나씩 나눠 주었다. 마지막으로 보드마카와 지우개를 준비해 정답판에 답을 적고 맞추도록 하였다. 패자부활전도 넣어 학생들이 재미있게 식품 및 영양에 대해서 알도록 하였다.

학생들의 반응이 나름 괜찮은 것 같아서 선생님들께 받은 만큼 나도 공유하기로 했다. 직접 수업에 사용해 본 선생님들은 학생들이 좋아했다는 후기를 남겨주셨다. 뿌듯함과 함께 앞으로 영양 교육 자료를 만드는 것에도 또 교육을 하는 것에도 더욱 힘을 쏟아야겠다고 생각하게 되는 계기가 되었다.

식생활 지도에서 나는 무엇을 중요하게 여길까?

학생들이 급식실에 들어와서 나갈 때까지 나는 무엇을 교육하고 알려 주어야 할까?

첫째, 학생들에게 기본예절 교육하기. 급식실은 많은 학생이 사용하는 공간이기 때문에 다른 학생들에게 피해가 될 수 있는 행동을 하지 않는 것이 중요하다. 그래서 시끄럽게 소리를 지르는 행동, 뛰어다니는 행동, 쓰레기를 바닥에 막 버리는 행동 등을 하지 않도록 항상 학생들에게 주의를 시켰다. 많은 인원과 뜨거운 음식들이 있는 위험한 곳이기에 급식실에선 더 조심해야 했다. 그래서 더 엄격하게 무섭게 지도를 했고 그 결과 급식실에선 무서운 선생님, 영양 수업 시간엔 착한 선생님이라고 듣기도 했다. 또, 바른 자세로 앉아 먹는 것이다. 막 입학한 1학년은 의자를 제대로 앉는 학생이 별로 없다. 시도 때도 없이 일어서고 돌아다닌다. 의자를 불안하게 앉는 학생들도 많다. 다칠 수 있기에 학생들이 의자를 잘 당겨서 바르게 앉을 수 있도록 교육했다.

둘째, 편식 지도하기. 학생들은 "고기는 많이, 야채 안 먹어요."

라고 항상 말한다. 나는 "조금만 먹어 보자."라고 학생에게 물어본다. 답은 둘 중 하나다. "네"와 "아니요"이다. 조금도 받지 않겠다고 한 학생에겐 다음 단계인 "하나만 먹어 보자."라고 권유한다. 이 방법은 말이 잘 통하는 고학년 학생들에게 사용하는 방법이다. 저학년의 경우에는 배식을 받고 밥을 먹을 때 주로 진행한다. 반 별로 유독 야채를 잘 먹는 학생은 몇 명 있다. 가정에서 골고루 잘 먹인다는 것이 보였다. 저학년에게는 주로 질투심 유발 작전을 사용하곤 한다. 야채를 한 입이라도 먹거나 다 먹은 학생을 칭찬해 주는 것이다. 주변에 앉은 학생들은 선생님께 칭찬받는 것이 부러워서 먹어보는 학생이 있기 때문이다. 또 다른 방법은 과일이나 야채를 먹었을 때의 좋은 점을 알려 주며 학생들에게 한번 먹어볼 것을 권유한다. 가끔은 간식 찬스를 사용하기도 한다.

셋째, 잔반은 깨끗하게, 식기는 바르게 버리기. 정해진 자리에 학생들이 잘 버릴 수 있게 교육하는 것이다. 1학년의 경우 너무 작고 손에 힘이 없다. 그래서 잔반을 버릴 때 던지듯이 버려 옷의 여기저기에 묻힐 때가 많다. 그래서 식판 어느 부분을 잡고 놓고 기울이고 숟가락, 젓가락은 어떻게 잡는지, 어느 곳에 구분해서 버리는지 등 3월은 계속 1학년만 전담으로 교육한다. 첫째 주엔 길게 늘어선 퇴식구 줄도 1학년 학생들이 익숙해져 갈수록 점점 줄어들곤 한다. 또 잘하던 학생들도 가끔 자신의 화를 주체하지 못하고 식기를 다 던져 놓고 갈 때가 있다. 그런 상황엔 학생을 불러 "오늘 기분이 안 좋아?"하고 물어본다. 대부분은 친구와 싸웠거나 선생님께 혼났다. 친구에게 피해를 주거나 다칠 수도 있으니 그러면 안 된다고 말해준다. 그럼 귀여운 초등학생들은 알겠다고 대답하며 급식실을 나간다.

여러 가지 환경 교육에 도전하기

영양 교사는 교사로서 학교에 들어오게 된 지 얼마 되지 않았다. 원래는 영양사인 교육공무직이 학교에서 급식을 담당했였기에 아직 교사로 인정하지 않는 선생님도 더러 있는 것 같았다. 마음은 쓰리지만 "영양 교사로 학교에서 한 명뿐인 유일한 존재다! 특별한 존재다!" 생각하며 학생들의 교육과 급식을 위해서 내 자리에서 더욱 열심히 하기로 했다. 그래서 영양 수업뿐 아니라 원래도 관심이 많았던 환경 교육 부분에서 뚜렷한 존재감이 있었으면 했다. 그래서 내가 할 수 있는 것부터 차근차근 교육을 하기로 하였다.

첫 번째로는 텀블러 DAY를 운영하는 것이었다. 텀블러 DAY는 학생들이 일회용품의 사용을 줄이고 텀블러를 학교 뿐만 아니라 어느 곳에서든 생활화 할 수 있도록 하는 것이었다. 텀블러를 가져온 학생에게는 영양쌤이 만든 수제 음료를 담아주었다. 주로 계기 교육이 필요한 날에 운영을 했다. 바다의 날엔 요즘 유행하는 '아망추(아이스티 + 망고 추가)'에서 아이디어를 얻어 망고 아이스티를 제공했었다. 학생들의 반응은 너무 뜨거웠다. 오픈 런을 할 정도였으니 말이다. 급식실에서 텀블러에 음료를 담아주던 나는 몰랐지만, 특수 선생님께서 교장실 앞까지 학생들이 줄을 섰다며 인기가 장난이 아니라고 대단하다고 해주셨다. 이렇게나 좋아하는 학생들을 보며 한 학기에 1번씩 연간 총 2번을 진행했다. 또 다른 텀블러 DAY의 예시로는 독도의 날을 맞이해 캐모마일릴렉서를 수제로 만들어 제공하였고 바다의 날에는 상어 젤리가 들어간 블루레몬에이드도 제공했다. 학생들이 이 기회를 통해서 환경에 대해서 생각해 보는 계기가 되었으면 했다. 좋은 후기도 있었다. 한 학부모님과 모니터링을 통해 만날 기회가 있었는데 선생님께서 텀블러 DAY를 운영하신다는 홍보지를 보고 참여시키고 싶어서 원래는 페트병에 담긴 생수를 챙겨주다가 텀블러를 사서 물을 싸주게 되었다고 너무 좋은 이벤트 같다고 감사하다고 말씀해 주셨다. 내가 생각한 바람직한 텀블러 DAY의 결과였다. 앞으로도 이벤트를 통해서 몇 명의 학생부터 조금씩 바꿔나가야겠다고 생각했다.

두 번째로는 쿠폰 이벤트였다. 잔반 없이 다 먹은 학생들에게는 간식 하나 더 쿠폰을 만들어서 제공했다. 이 쿠폰은 더 먹고 싶은 보조식이 나올 경우, 쿠폰을 써서 하나 더 먹을 수 있도록 하는 것이었다. 쿠폰 또한 학생들이 너무 좋아했다. 기한은 학기 내이며 영양 선생님의 수작업이 필요해서 힘들지만, 남는 보조식도 줄일 수 있고 학생들의 잔반을 조금이나마 줄일 수 있어 좋았다. 여러 상품 중 초코맛의 간식은 위대하다. 학생들은 "선생님, 저 쿠폰 받으려고 야채도 먹었어요. 근데 맛없을 줄 알았는데 맛있었어요.", "저 오늘 하나도 안 남겼어요. 이게 제 스타일은 아닌데 맛없지도 않네요."하고 말을 한다. 이렇게 조금씩 새로운 것을 시도해 보고 안 먹어본 것도 먹어 보는 계기가 되어 좋았다. 다른 방법은 무엇이 있을지 또 찾아봐야겠다.

자율선택급식
어떤가요?

　자율선택급식은 경기도교육청에서 시행하고 있는 제도 중 하나로 학생의 자율권과 선택권을 확대하고 학생이 스스로 식단을 선택하고 식단량을 조절해 자기주도적인 식생활 관리를 실천할 수 있는 학생을 만드는 것을 목표로 하고 있다. 나에게 왜 자율선택급식을 시행했냐고 한다면 영양 교사로서 욕심에 또 통합 학교에 도움이 될 것이라 생각했다. 두 개의 학교, 하나의 급식실인 학교이기에 자율선택급식을 하면 만족도도 높고 전보다는 효율적인 급식실을 만들 수 있지 않을까 했다. 결국 2024년 신청하여 시행하기로 마음을 먹었다. 하지만 생각했던 것보다 자율선택급식은 만만치 않았다. 교육청에서는 시행하고 있는 학교 현장에서 나온 목소리에 귀 기울여 듣고 점차 자율선택급식이 제대로 된 방향을 가지고 정착할 수 있도록 해야한다고 생각했다.

- 초등학생 400명 점심시간 12:00~12:50 선택식 운영, 대면 배식, 1차
- 중학생 310명 점심시간 12:30~13:20 선택식 운영, 자율 배식, 2차

〈2024년 기준〉

한 식당에서 급식이 이루어지므로 초등학생이 나가면 바로 실무사님이 상을 닦아 주어야 중학생이 앉아 급식을 먹을 수 있었다. 특식이나 수요일에 학생들이 좋아하는 메뉴가 나오게 되면 초등학생의 경우 오래 앉아서 먹기 때문에 중학생의 급식이 늦어지는 날도 더러 있었다. 시니어와 배식원 등이 없기에 7명의 조리 종사자와 초등학생 배식과 중학생들 자율 배식 세팅 그리고 상 닦기, 퇴식구 식판과 수저 빼기 등 다 진행해야만 했다. 어떻게 급식이 진행됐는지 모를 정도로 바쁜 날이 많아졌다.

영양 교사 및 급식실 조리 종사자의 업무 과중

자율선택급식을 시행하면서 시행 전보다 식단 작성에 더 많은 시간을 쏟게 되었다. 주간 영양량을 맞추면서 계기 교육이 필요한 날엔 미리 생각한 메뉴를 식단에 일단 넣었다. 지루하지 않게 신메뉴도 신경을 쓰며 매월 1일엔 생일 축하 데이를 운영했다. 또 향

토 음식 연구팀이기 때문에 매달 향토 음식을 준비했다. 그런데 자율선택급식을 위해서 한 주에 2번의 선택식과 1번의 샐러드바 준비를 더 해야 했다. 조리 종사자분들이 자율선택급식으로 인해 너무 힘들지 않도록 업무 강도까지 고려하면서 식단을 작성하는 것은 여간 힘든 일이 아닐 수 없었다. 검수와 조리 작업은 더욱 혼잡해졌으며 늘어난 검수 품목과 요리 작업 공정이 이루어지는 것은 사실이었다. 자율선택급식을 시행하면서 샐러드와 채소를 학생들에게 많이 제공하였다. 집에서 대충 씻어서 주는 것과 차원이 다르다. 양부터 어마무시한데 학교 급식에서는 위생관리지침서에 맞게 차아염소산나트륨 100PPM에 5분간 침지 후 3번의 헹굼 과정을 거쳐야 한다. 차곡차곡 담다 보면 시간은 금방 흐른다. 자율선택급식을 시행하면서 급식실은 업무가 증가하게 되었다. 이로 인해 경기도교육청에서 현장의 힘듦을 알고 이를 해결할 현실적인 방안을 모색해야 한다고 생각되었다.

편식 문제와 배식량 문제

가장 문제가 된다고 생각되는 부분이었다. 초등학생은 안전 문제와 배식 시간 문제로 주로 대면 배식을 한다. 이 경우 학생에게 정량 배식하고 "한 번 먹어보자~"하고 학생에게 물어본다. 그럼 학생은 "네. 하나만 주세요!"하고 대답한다. 정말 귀엽고 기특하기 짝이 없다. 그렇다. 초등학생은 아직 식생활 지도를 통해서 편식 문제를 해결하기에 또 식습관을 바꾸기 좋은 시기이다. 하지만 중학생은 아니다. 먹고 싶은 것과 먹기 싫은 것이 명확하다. 위와 같이 똑같이 물어도 중학생은 싫다고 대답한다. 또 자율 배식을 하다 보니 야채로 구성된 부찬은 남게 되고 주찬인 맛있는 고기류는 항상 부족하게 된다. 예를 들어 동그랑땡을 주찬으로 주고자 한다면 3개씩 가져가라고 메뉴 밑에 개수를 적어 놓아도 5개씩 마음대로 가져가는 학생들이 있다. 그런 학생들의 식판을 보면 국과 야채는 적거나 배식받지 않았다. 주찬으로 밥을 다 먹기 위해서 주찬만 많이 가져가는 것이다. 중학생은 신기하다. 부대찌개, 떡국, 돼지국밥, 마라탕은 항상 잔식이 남지 않을 정도로 많이 먹는다.

1년간 본 결과 학생들은 한우랑 야채를 가득 넣고 맛있게 끓여도 된장찌개, 고추장찌개는 가져가지 않아 남았다. 그리고 학생들은 먹는 양을 조절하지도 못했다. 교육청에서 식사량을 조절하여 자기 주도적인 식사를 하도록 강조하는 것과 다르게 학생들은 많은 양의 음식을 배식받아 먹고 싶은 만큼만 먹고 남은 것은 잔반으로 버리는 학생들로 만들었다. 영양 교사로서 학생들에게 나는 "먹을 만큼만 퍼가세요.","자기 손으로 퍼 온 만큼 다 먹어요~"라는 말을 항상 이야기했다. 학생들은 아직 자기조절능력이 부족하다. 몇 개월이 지난 지금도 그렇냐고 묻는다면······. 시간이 좀 더 걸릴 것 같다. 음식을 만든 사람의 입장에선 버려지는 나물들, 찌개류를 보며 씁쓸하게 하루를 마무리한다.

학생의 만족도와 다른 현장의 만족도

자율선택급식과 관련된 기사를 보았다. 학교에서 설문 조사를 해도 학생의 만족도는 당연히 높게 나왔다. 하지만 기사 어느 곳에도 학생의 만족도만 강조하여 말할 뿐 영양 교사와 현장에서 일하시는 분들의 설문 결과는 보이지 않았다. 낮은 만족도여서였을까? 그래도 학생들을 위해서라면 못 할 것이 없다. 그렇게 생각했고 지금도 그렇게 생각한다. 하지만 교사도 업무를 하면서 재미있고 학생이 이를 통해 변화가 보이고 이 제도에 긍정적인 반응일 때 이 일을 위해 힘을 쏟을 수 있다고 생각한다. 실질적으로 업무를 위해 힘쓰는 사람이 부정적인 반응인데 교육청에서는 강요할 수 없다고 느끼고 있다. 현장의 만족도를 높여야만 한다. 아직 과도기인 상황이다. 정착하지 않은 자율선택급식을 안정화하기 위해서 더 많은 의견을 나누고 현장을 파악해야 한다. 현장의 업무에 대한 만족도, 성취감을 느끼게 해야 한다. 자율선택급식을 하면서 많은 품의 그리고 자료 집계, 예산 정산을 처리했다. 영양 교사는 업무를 도와주는 사람이 없다. 업무를 간소화시키고 불필요한 공문과 자료 집계는 줄어들어야 한다. 또 예산 관련해서 너무 규제를 두지 않고 구매할 수 있도록 해주는 것도 중요할 것이다. 매번 무엇을 사려고 해도 하나하나 물어보고 구매해야 했다. 학생의 만족도만 보면 안 된다고 말하고 싶다. 단점에 대해서도 인정하고 앞으로 개선해 나가야 한다. 자율선택급식이 계속될지 앞으로 없어질지 모른다. 나는 영양 교사로서 자율선택급식에 대한 만족도는 50% 정도이지만 최선을 다해서 학생들의 급식에 대한 만족도를 높일 수 있도록 이 자리에서 노력할 것이다.

한 스푼 성장 레시피- 급식 관련 정보 모음

[신설 학교 개교 관련]

막 발령을 받아 신설학교에 신규일 경우 소속 교육지원청 급식팀에 연락해서 신설 학교 메뉴얼을 받으시기 바랍니다. 저는 위생 교육을 받지 않은 상태였기 때문에 집단 급식소 설치 신고자 위생 교육을 신청해서 들었습니다. 나중에 알고 보니 협회에서 위생 교육을 들을 경우엔 갈음된다고 한다. 또 설치 신고 서류를 갖춘 후엔 시청 건축과에 연락해 확인하는 것이 좋습니다. 교육청에서 건축과에서 필요한 서류를 올려줘야 확인 후 설치 신고를 할 수 있다고 한다. 최근에는 임시 허가증을 발급해준다.

[텀블러 DAY]

텀블러DAY는 준비해야 할 품목이 많다. 음료도 영양교사가 직접 제조해야 해서 오전 시간에 업무할 수 없으니 시간적으로 여유가 될 때 하시는 것을 추천드립니다. 그리고 학생들의 참여율이 높아 급식실오 뛰어오다 보니 안전상 문제가 발생할 수 있으니 안내를 미리 나가거나 2회전을 하시는 것도 고려해보시길 바란다. 또 텀블러 입구가 큰 것을 가져올 수 있도록 안내하는 것이 중요. 내용물이 텀블러에 들어가지 않는다.

[쿠폰 이벤트]

쿠폰은 작은 학교에서 하는 것을 추천합니다. 퇴식구가 2개일 경우 영양 교사는 한 명이기 때문에 왔다 갔다 하며 쿠폰을 나눠줄 수 없다. 학생 수가 많은 학교는 보조식을 잘 보관해 두고 배식이 쉬운 날에 조리사님과 한 퇴식구씩 맡아서 깜짝이벤트로 다 먹은 학생에게만 간식을 제공한다.

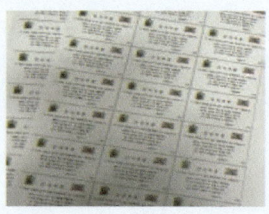

[나만의 품의 목록 작성 방법]

학생들에게 케이크를 급식으로 제공하려고 한다면 '브랜드/케이크 이름/개당 중량(g)/제품 총량(kg)/알:난류,우유,대두,밀' 이렇게 작성한다. 나만의 작성법이며 선생님마다 식품 속성을 작성하는 방법은 다르다. 이런 방법으로 작성할 경우에 공산품이 들어올 때 알레르기 파악이 쉬우니 사용하는 것을 추천한다.

[자율선택급식 사진]

김민혜

T형 교사의 성장기
: 시행착오 다다익선

T형 교사의
소통 비법

"선생님, 'T(사고형)' 이시죠?"

MBTI 유행이 사그라들기 시작할 때쯤이었다. 쉬는 시간에 밀린 업무를 처리하고 있는데 몇몇 아이들이 다가와 물었다. 3학년인데 설마 MBTI를 묻는 건 아니겠지 싶어서 되묻자 아이들은 어린이를 위한 MBTI 책을 읽고 왔다며 내가 정말 'T'가 맞는지 확인하고 싶어 했다. 살짝 당황하긴 했지만 어려운 질문은 아니었다. 별 고민 없이 그렇다고 답해주었고, 아이들은 역시 그럴 줄 알았다면서 해맑게 웃었다. 왜 그렇게 생각했냐고 물어봤는데 "그냥요."라며 싱거운 대답만 돌아왔다.

저만치 멀어진 웃음 소리를 들으며 업무를 다시 시작하려는데 조금 전 아이들과 나눈 대화가 머릿속에서 반복 재생됐다. 괜히 마음이 무거워졌다. MBTI에는 4가지 영역이 있다. 내향형(I)-외향형(E), 이상형(N)-현실형(S), 사고형(T)-감정형(F), 인식형(P)-판단형(J). 그중에서도 T와 F의 차이가 많은 관심을 받았는데, "너 T야?"라는 말이 상대에게 공감하지 못했을 때 듣게 되는 핀잔 같은 말로 크게 유행했다. 아이들은 왜 하필 'T'냐고 콕 집어서 물어봤을까? 그러고 보면 다쳐서 온 아이에게 공감하기보다는 어쩌다 다쳤는지 물을 때가 많았고, 수업 시간이 아니면 먼저 다가가 대화할 거리를 찾는 일이 쉽지 않았다.

생각이 꼬리에 꼬리를 물다가 결론을 내렸다. 그동안 공감하는 대화를 위한 노력이 부족했음을 인정하고 소통 방식을 개선하기로. 깊은 공감까진 아니어도 말이 통하는 선생님이 되고 싶었다. 이후 아이들과 거리감을 좁히기 위한 여러 가지 시도를 했고 힘이 덜 들면서 효과가 좋은 두 가지를 꾸준히 실천하고 있다. 높임말 쓰기와 '왜'라고 물어보기. 여전히 관계를 맺는 것에 미숙하긴 하지만 이 두 가지 방법은 'T(사고형)' 교사의 약점보다 강점을 살린 생존 전략 정도로 표현하고 싶다.

높임말 쓰기

학생들에게 높임말을 쓰기 시작한 건 기간제 담임 교사로 교직 생활에 첫발을 내디뎠을 때였다. 그 반엔 학교에서 유명한 아이가 있었다. 이런저런 갈등으로 인해 선생님, 친구들과 사이가 좋지 않았다. 담임이 되면 그 아이와 힘겨루기를 하는 상황이 올지도 모른다는 동 학년 선생님들의 말씀에 출근하기도 전부터 겁이 났다. '주먹으로 때리거나 발로 차진 않겠지?' '물건을 던질 수도 있나?' 온갖 상상이 팝콘처럼 터져 나왔다. 정신 수양보다도 근육량을 키우는 게 급선무일까 싶어 헬스장도 부지런히 다녔다.

다행히도 아이와 힘겨루기를 하는 날은 오지 않았다. 아이를 둘러싼 이야기가 모두 헛소문은 아니었다. 화가 나면 책상을 발로 차거나 출입이 금지된 옥상에 올라가고, 수학 공부를 도와주시는 선생님의 지도를 거부하는 등 자기 마음 가는 대로 행동했다. 덕분에 우리는 하루에도 몇 번씩 마주 앉아 대화를 나눠야 했다. 생활 지도가 처음이었던 때라 나의 대처는 매번 똑같았다. 눈을 마주 보며 왜 그랬는지 물어보고, 그렇게 행동하면 왜 안 되는지 설득하고, 앞으로 그러지 않기로 손가락 걸고 약속하며 마무리를 지었다.

변화는 하루아침에 나타나지 않았다. 늘 같은 상황이 반복되면서 생활지도가 제대로 되고 있는 건지 스스로 의심스러울 때쯤 우리의 대화에서 왠지 모를 평온함이 느껴지기 시작했다. 아이는 내 말을 끝까지 들어주고 나서 자기 말을 조목조목 이어나갔다. 약간의 긴장감이 깔려 있긴 해도 분위기는 차분했다. 그러고 보니 언제부턴가 아이에게서 나의 말투가 묻어져 나왔다. 그때 비로소 내가 그동안 아이들에게 높임말을 써왔다는 걸 인지했고 그것이 우리 관계를 개선하는 데에 중요한 열쇠가 되었다는 걸 깨달았다.

높임말을 처음부터 의도하고 썼던 건 아니다. 당시 수업을 준비하고 업무를 처리하는 모든 것이 처음이었던 내겐 학교에 있는 것만으로도 스트레스였다. 매 순간이 긴급 상황 같았다. 그렇게 초긴장 상태를 유지하면서 어른과 아이 가리지 않고 높임말을 쓰기 시작한 것이 6개월 내내 이어졌고, 이는 아이와의 힘겨루기 상황을 예방해준 결정적인 생존 전략이 되었다.

꾸준히 높임말을 쓰면서 깨달은 것이 있다. 말하는 태도가 대화의 분위기를 형성한다는 것이다. 내용이 어떻든 높임말을 쓰는 것만으로도 분위기는 평온하게 유지된다. 상대방을 존중하고 있다는 걸 서로 느낄 수 있기 때문이다. 감정이 격해지는 것도 막을 수 있다. 대화하는 내내 문장의 어미를 의식하다 보니 이성의 끈을 놓지 않게 된다. 앞서 소개한 아이에 대해 잘 몰랐을 땐 잔뜩 부풀어 올라 언제 터질지 모르는 풍선을 끌어안고 있는 것 같았다. 하지만 아이가 화를 내고 소리를 질러도 이성의 끈을 잡고 높임말을 썼던 것이 아이에게는 자신을 존중하는 느낌을 줬던 것 같다. 그렇게 우리는 수많은 대화 속에서 서로를 닮아 갔고, 헤어지는 마지막 날엔 눈시울을 붉히며 작별 인사를 나눴다.

높임말을 쓰는 게 진정 관계에 도움이 되는 건지 의문이 들 때도 있었다. 그러나 아이들이 써준 편지를 받고 확신했다. 아이들은 내가 높임말을 쓰기 위해 노력하는 걸 친절과 존중으로 받아들이고 고마워했다.

나는 지금도 높임말을 쓰려고 노력한다. 불쑥 솟아오르는 감정을 주체하지 못한 순간도 많지만 이성의 끈을 놓지 않으려 계속 노력 중이다. 투박한 음식도 차가운 쟁반에 담는 것보다 예쁜 접시에 올려놓았을 때 정성이 느껴진다. 아직 아이들에게 해줄 수 있는 말이 실하게 익지는 못했지만 그걸 전하는 태도에 정성을 들이는 노력은 그치지 않기로 다짐해 본다.

'왜' 질문하기

높임 표현을 쓰며 서로 존중하는 것과 별개로, 아이들과 어떻게 하면 친해질 수 있을지 진지하게 고민했던 시기가 있었다. 그러다 문득 경험담을 이야기로 풀어주시던 학창시절 선생님들의 모습이 떠올랐다. 말씀을 얼마나 잘하시는지 시간 가는 줄 모르고 이야기에 빠져들곤 했다. 이때의 기억을 되살려 나도 이야기보따리를 몇 번 풀어본 적이 있다. 하지만 머릿속으로 떠오른 재미난 일들이 내 입을 거쳐서 나가면 재미가 없어지는 기이한 경험을 거듭하면서 결국엔 그만두었다.

그렇다고 아이들과 친해지는 걸 포기할 수는 없었다. 나에게 맞는 쪽으로 방식을 바꾸기로 했다. 다수로 친밀감을 쌓는 것 대신에 일대일 대화에 주력하기. 누군가와 친해지는 가장 빠르고 쉬운 길은 일상 대화다. 다만 문제는 대화 소재를 찾는 것이다. 수십 명 아이의 이야기를 세세하게 기억하기란 불가능하다. 아이마다 성향이 다르다 보니 개인적인 일을 묻는 것도 조심스럽다. 모든 아이에게 같은 질문을 던질 수도 없다. 이런 고민을 해결해 준 것이 '왜'라는 질문이었다. 아이들 대부분은 자기 이야기에 관심 가져주는 걸 좋아한다. 수업 시간에 발표하는 건 망설여도 자신의 경험을 이야기할 땐 너도나도 말하려고 손을 든다. 이런 아이들과의 대화에 물꼬를 틀어준 만능키가 '왜'이다.

'왜' 대화법은 간단하다. 일단 아이를 관찰한다. 말이나 행동에 별다를 게 없다면 아이의 책상 위 또는 주변을 둘러본다. 그리고 눈에 들어온 아무거나 골라서 질문한다.

"오늘은 왜 목도리를 하고 왔나요? 밖이 춥나요?"

그날은 모두가 춥다고 느낀 겨울의 아침이었다. 나도 너무 추워서 옷을 잔뜩 껴입고 출근한 날이었다. 당연한 질문이지만 친해지려고 그냥 물어본 것이었다. 그러자 질문을 받은 아이는 신이 나서 이야기보따리를 풀기 시작했다. 목도리를 왜 하고 왔는지, 밖이 얼마나 추운지를 맛깔나게 설명해 주었다. 목도리 하나로 아이와 기분 좋은 아침을 맞았던 기억이 난다.

쉬는 시간마다 책을 읽는 아이에게도 물었다.

"왜 쉬는 시간에 다른 건 하지 않나요?"

교실 놀이할 때는 소리도 지르면서 방방 뛰어다니는데 쉬는 시간만 되면 혼자 책 읽는 데에 몰두하는 아이였다. 독서도 좋지만 친구들 사이에서 너무 '책 읽는 OO이'로 굳어져 가는 것이 걱정되었다. 그러자 아이로부터 뜻밖의 대답이 돌아왔다.

"다른 건 안 해봐서 못 하겠어요."

그저 책 읽는 걸 너무 좋아해서 그런 줄로만 알았다. 노는 것보다 책이 좋아서 그러는 거라고 답할 줄 알았다. 그런데 새로운 일을 시도하는 것에 대한 두려움 때문이었다는 것을 알고 많이 놀랐다.

"막상 해보면 어렵지 않을 거예요. 오늘부터 도전해 볼까요?"

아이는 씩씩하게 "네!" 라고 답했고, 나는 블록쌓기를 하는 아이들 틈새로 그 아이를 슬쩍 밀어 넣었다. 다음 날이 되자, 아이는 운동장으로 달려 나가는 친구들을 따라갔다가 땀범벅이 되어 돌아왔다. 그렇게 하루 이틀이 지나고, 쉬는 시간 놀거리를 하나둘씩 늘려나갔다. 질문 하나가 아이의 솔직한 마음을 알게 하는 계기가 되었고, 새로운 도전으로 이어지게 했다는 것이 내겐 너무나 뿌듯한 경험이었다.

질문을 통해 아이들과 관계를 맺는 것엔 장점이 많다. 서로 친하지 않은 상태에서도 할 수 있고, 전에 아이가 했던 말이 기억나지 않아도 괜찮다. 얼마든지 새로운 대화를 시작할 수 있다. 일단 대화를 시작하면 아이의 반응을 통해 나에게 어느 정도로 마음을 열었는지 가늠해볼 수도 있다. 무엇보다 교사의 개인적인 이야기를 재밌게 풀어낼 능력이 없어도 친밀감을 쌓을 수 있다는 점이 내겐 크게 와닿았다.

질문으로 나눈 대화가 모두 아름다웠던 건 아니다. 했던 질문을 또 하기도 하고, 기껏 질문해놓고 제대로 반응해주지 못한 날도 많다. 그래도 질문하는 걸 포기하지 않기로 했다. 나의 어설픈 질문에도 아이들은 항상 최선을 다해 대답해 주기 때문이다. 이런 걸 우문현답이라 하지 않나. 내가 던지는 질문에는 정해진 답이 없다. 그때그때 나오는 아이들의 대답이 최선의 답일 뿐이다. 아이들의 초롱초롱한 눈빛을 보고 싶을 땐 가벼운 마음으로 '왜'를 던져보자.

다다익선,
공모전 기회 잡기

공모전에 당선된 것은 이번이 처음이었다. '디지털 창의역량교육 100선 공모전'에 내 수업 사례가 선정되었다. 기대 이상의 결과를 얻어서인지 마냥 기쁘기보다는 어떻게 해서 받게 된 건지 거꾸로 생각해 보게 되었다.

디지털 창의역량교육을 위한 수업 실천 사례를 기반으로 수업 지도안 및 자료를 제출하는 공모전이었다. 2학년을 대상으로 인공지능이 무엇이고, 챗봇 프롬프트를 입력할 때 어떤 점이 중요한지를 공부했던 수업 자료들을 정리해서 제출했다. 마감일이 얼마 남지 않아 분주하게 준비하다 보니 '이게 과연 될까?' 하는 마음이 들기도 했다. 그러고 나서 얼마 후, 내 수업 사례가 선정되었다는 소식이 전해졌다.

단 한 번의 공모전 당선 경험으로 이렇다 할 성공 비법을 내놓을 수는 없다. 하지만 이번 결과를 통해 단언할 수 있는 한 가지가 있다. 성공 횟수를 늘리려면 실행 횟수를 늘려야 한다는 것이다. 처음엔 단순히 운이 좋았다고만 생각했다. 그런데 이러한 운도 기회를 잡았을 때 따르기 마련이라는 생각이 들었다. 기회를 알아보고 그 기회를 놓치지 않고 잡을 수 있게 해준 몇 가지 요인들을 찾아보았다.

나만의 포트폴리오 만들기

여러 플랫폼을 활용해 교육 자료를 모으고 있다. 처음 발령받았을 땐 직접 만든 PPT나 활동지 정도만 저장해 두었다. 그런데 해가 거듭되면서 전에 썼던 자료를 언젠가는 다시 찾게 된다는 걸 알고 나서는 하나둘씩 모아두기 시작했다. 수업 결과물은 스캔해두고, 제작한 자료는 PPT와 함께 PDF 또는 이미지 파일로 저장한다. 학교에서 있었던 일 중 기억해 둘 만한 것들은 휴대전화로 사진을 찍어 놓기도 한다. 자료 창고 만드는 일 정도로 생각하고 시작했는데, 이러한 기록들이 나만의 포트폴리오를 만들어가는 과정임을 알고 나니 애정이 생겨났다.

포트폴리오를 쌓음으로써 얻게 되는 장점들이 있다. 먼저, 수업에 대한 피드백을 스스로 할 수 있다. 활동사진이나 자료를 정리하다 보면 자연스럽게 수업 내용을 복기하게 된다. 좋았던 점과 아쉬웠던 점, 개선할 점 등이 떠오르면 함께 적어 둔다. 성찰한 내용을 바탕으로 다음에 더 나은 수업을 할 수 있다. 이번 공모전에 선정된 수업 역시 여러 번 피드백을 거쳐 개선할 수 있었다.

둘째, 관심 분야에 대한 경력을 쌓을 수 있다. 특히 교육 활동과 관련된 공모전의 경우 실천 사례 자료를 요청하는 경우가 많다. 이번 공모전에서도 수업 지도안과 보조 자료를 제출해야 했는데, 미리 저장해 두지 않았다면 불가능했을 것이다.

셋째, 다른 선생님들께 도움을 줄 수 있다. 수업 때 활용한 자료를 개인 블로그나 교사 커뮤니티에 올리곤 하는데, 내가 만든 자료를 좋아해 주시는 선생님들의 반응에서 큰 힘을 얻는다. 이는 뿌듯함을 안겨줄 뿐만 아니라 또 다른 아이디어를 떠올릴 수 있는 동력이 된다.

초반에는 포트폴리오를 채우는 속도가 더디게 느껴질 수 있다. 그러나 조급함을 내려놓고 차곡차곡 쌓다 보면 나의 성장 과정을 파악할 수 있고, 학교 생활을 헛되이 보내고 있지 않다는 생각에 자존감도 오른다.

당장은 명확한 방향이 잡히지 않았더라도, 분명 어떠한 기록이든 언젠가 쓸모가 있기 마련이다. 작은 것 하나라도 저장하는 습관을 들여보길 권한다.

일단 해보기

'칠전팔기', '다다익선'. 두 사자성어의 공통점이 무엇일까? 한 번의 시도에 그치지 않는다는 점이다. 도전의 성공률을 높이는 확실한 방법은 실행 횟수 자체를 늘리는 것이다. 0은 계속 더해도 0이지만 1은 더해갈수록 값이 커진다. 안 하는 것과 한 번이라도 해본 것의 차이는 횟수가 거듭될수록 막대해진다.

신규 교사가 단번에 해낼 수 있는 일은 많지 않다. 타고난 능력이 좋아 무엇을 하든 척척 잘 해내는 사람도 있겠지만 아쉽게도 나는 그런 부류가 아니다. 그래서 결과보다는 시행 횟수를 늘리는 것에 중점을 두었다. 다다익선의 관점으로 시행착오 포인트를 1점씩 쌓아 올린다고 생각하니 도전하는 것에 대한 부담감이 크게 줄었다.

이번 공모전에 참가한 것은 수많은 '1' 중의 하나였다. 최선을 다하긴 했으나 결과에 대한 기대감은 크지 않았다. 디지털 교육에 관심이 많아 이와 관련된 공문이 올 때마다 꾸준히 지원해 왔지만, 매번 쓴맛을 봐야 했다. 체험단이나 연구회 신청서도 내보고, 교육 프로그램 제안서도 내봤는데 모두 깜깜무소식이었다.

여러 번 실패를 경험하다 보니 떨어지는 것에 감흥이 무뎌졌다. 이번에도 당선되면 좋은 일이고, 안되어도 준비 과정에서 수업에 대해 피드백을 할 수 있었으니 손해 볼 것은 없다고 생각했다. 만약 큰 부담을 느끼고 어차피 안 될 것이라 여겨 포기했다면 기회조차 잡지 못했을 것이다. 다행히 나는 시도하는 일에 별 부담을 느끼지 않는 편이고, 밑져야 본전이라는 생각으로 일단 도전한 덕분에 경험치 1을 더할 수 있었다.

함께 하기

교사가 되고 나서 생각이 크게 바뀐 부분이 있다. 바로 협력의 중요성이다. 전에는 교실에서 혼자 일하는 것이 교사 생활의 큰 장점이라고 생각했다. 하지만 처음 발령받았을 때부터 지금까지 오로지 혼자의 힘으로 해낸 일은 거의 없었다. 교직도 직장이다 보니 체계가 있고 규칙이 있기 마련이다. 모르는 것이 있으면 혼자 끙끙 앓는 것보다 물어서 제대로 아는 것이 구성원 모두를 위한 일이다.

이걸 깨닫기까지는 제법 오래 걸렸다. 워낙 혼자 해결하는 것을 좋아하고 그런 방식에 익숙하다 보니 누군가에게 물어보는 일이 굉장히 낯설고 어려웠다. 그런데 묻지 않고 알아서 하려다가 오히려 상황을 복잡하게 만든다거나 없던 문제도 만들어내는 상황이 반복되면서 저절로 마음의 장벽을 깨부수게 되었다. 막혔을 땐 바로바로 물어보면서 배우고, 선생님들과 의견을 나누며 생각의 틀을 넓혔다. 좋은 정보를 아낌없이 공유하고, 즐겁거나 힘든 과정을 함께 겪으며 성장했다. 계속 혼자가 되기를 고수했다면 경험하지 못했을 일들이다.

공모전에 도전하게 된 것도 동료 선생님들 덕분에 가능한 일이었다. 쌓여 있는 공람을 모두 꼼꼼히 확인하기란 쉽지 않다. 관심 있는 분야나 맡은 업무와 관련된 것이 아니면 주의 깊게 살펴보지 않아서 중요한 정보를 놓칠 때가 있다. 이번 공모전이 그랬다. 분명 읽긴 했는데 참가 자격이 안 된다고 생각했다. 그런데 회의에서 만난 선생님께서 예전에 내가 수업했던 걸 기억하시고 지원 가능한 공모전이라는 걸 알려주신 덕분에 도전할 수 있었다. 게다가 그 수업은 동 학년 선생님들과 함께 챗 GPT를 활용해서 인공지능 관련 교육을 해보자고 이야기 나눈 것에서 출발한 것이었다. 수업 아이디어를 얻는 일도, 공모전에 참가하게 된 계기를 얻었던 것도 다른 선생님들과 적극적으로 소통함으로써 가능한 일이었다.

혼자 가면 빨리 가고 함께 가면 멀리 간다는 말이 있다. 이제는 사회가 워낙 빠르게 변하고 복잡해져서 혼자 간다고 빨리 갈 거란 보장도 없다. 함께 하기 위한 의지와 노력이 필요한 때다.

한 스푼 성장 레시피- 공모전 기회 잡기

[디지털 창의역량교육 100선 공모전]

1. 목적

-(정책·공감) 디지털 창의역량교육에 대한 인식 제고 및 교육 방법에 대한 교육공동체 공감대 형성

-(사례·공유) 인공지능 융합교육, 인공지능 윤리교육 및 디지털 소양교육 사례 공유를 통한 교원 역량 강화

-(실천·확산) 인공지능 시대의 윤리적 판단력과 디지털 기술을 활용한 문제해결 역량을 키우는 디지털 창의역량교육 실천 확산

2. 공모 대상 : 경기도 내 초중고 교원

3. 공모 주제 : 디지털 창의역량교육 실천사례에 기반한 수업지도안 및 수업보조자료

-(유형1) 교과 간 인공지능 융합교육 수업지도안, 수업보조자료

> 해당 교과와 정보·실과 교과(정보, 인공지능 기초, 초등실과 등) 간 교과 융합을 통해 각 교과의 성취기준을 달성하면서 인공지능 소양을 함께 키우는 교육

-(유형2) 교과 내 디지털 소양교육 수업지도안, 수업보조자료

교과 학습 목표를 달성하기 위해 디지털 기술을 활용하여, 교과 성취기준을 달성하면서 디지털 소양을 함께 키우는 교육

-(유형3) 인공지능 윤리교육 수업지도안, 수업보조자료

인공지능 융합교육 또는 디지털 소양 교육을 통해 인공지능의 원리를 이해하고, 관련된 윤리적 문제를 비판적으로 고찰하며 도덕적 판단 능력을 키우는 교육

4. 심사 방법 및 기준

-방법: 서류 적합성 검토 후 전문가 서면 심사

-유형별 심사 기준

평가 항목	평가 기준
내용 적합도(30)	[유형 1] 인공지능 소양 함양과 본인 교과 성취기준 달성에 적합한 내용인가? [유형 2] 디지털 소양 함양과 본인 교과 성취기준 달성에 적합한 내용인가? [유형 3] 인공지능 윤리교육과 본인 교과 성취기준 달성에 적합한 내용인가?
확산 가능성(30)	[유형 1] 교과 간 인공지능 융합교육 확산에 기여할 수 있는가? [유형 2] 교과 내 디지털 소양교육 확산에 기여할 수 있는가? [유형 3] 인공지능 윤리교육 확산에 기여할 수 있는가?
완성도(20)	수업 설계의도가 차시별 교수학습활동을 통해 완성도 높게 구현되었는가?
우수성(20)	디지털 창의역량교육 실천사례로 우수한 내용인가?

5. 일정

구 분	내 용	주 관(제출처)	일 정 (기 한)
계획 안내	100선 공모전 계획 안내	도교육청→교육지원청→학교	2024. 9. 23.(월)
온라인 설명회	100선 공모전 설명회 워크숍	도교육청	2024. 9. 30.(월)
공모 접수	공모전 응모작 제출	학교→교육지원청	2024. 10. 16.(수)
결과 안내	100선 검토 및 결과 안내	도교육청→교육지원청, 학교	2024. 11월 2주
사례 확산	성과 공유 컨퍼런스 운영	도교육청 (해당교 협조)	2024. 12월 2주
자료 편집	100선 보급본 제작	도교육청	2024. 12월 3주~
자료 보급	100선 자료집 및 우수교 현판 보급	도교육청	2025. 12월 4주
하이러닝 탑재	하이러닝 내 콘텐츠 탑재 및 홍보	도교육청	2025. 2월 ~

6. 공모전 기회 잡는 방법

1) 자료를 저장하는 습관 만들기

유행이 돌고 돌 듯이 한 번 쓴 자료는 분명 언젠가 또 쓰이기 마련이다. 자료의 질이나 양을 따지지 말고 일단 저장해두는 것이 좋다. 이때 나만의 규칙을 정해서 저장하는 습관을 기르는 것이 도움이 된다. 나에게 맞는 플랫폼을 찾아서 최대한 쉽고 간편하게 자료를 저장할 수 있도록 규칙을 만들어놓으면 저장하는 일에 큰 수고를 들이지 않을 수 있다.

2) 결과보다는 경험치 쌓기에 집중하기

공람을 잘 살펴보면 이것저것 도전 기회가 제법 많다. 결과가 어떻든 일단 시도하는 것에 의미를 두면 마음도 편하다. 관심 분야가 있다면 더 과감하게 도전하고 경험치를 쌓아보는 것을 추천한다. 자꾸 떨어지다 보면 마음에도 굳은살이 생겨서 결과에 휘둘리지 않게 된다.

3) 혼자보다는 함께 하기

인간은 완벽하지 않다. 여럿이 함께 했을 때 서로의 부족한 점을 채울 수 있다. 혼자 하는 것이 편할 수는 있어도 함께 하면서 얻는 정보력이나 시너지와 비교해볼 때 한계가 있다. 만약 물어보고 도움을 요청하는 것에 부담을 느낀다면 도움을 주신 분들에게 감사한 마음을 갖는 것에 무게를 더 두는 것은 어떨까. 작은 일이라도 다른 사람에게 도움을 주는 일을 반복하다 보면 함께 하는 것의 기쁨을 크게 느낄 수 있다.

생활 지도를 위한
습관 만들기

첫 담임을 맡았을 땐 수업이 최우선이었다. 40분 수업하고 10분 쉬는 시간을 지키는 것만으로도 벅찼다. 학급경영이나 업무에서는 큰 사고가 벌어지지 않으면 다행이었다. 시간이 지나고 수업에 대한 부담이 줄어들면서 아이들의 일상이 눈에 들어왔다. 공부하고 편히 쉬는 것도 좋지만 매일 조금씩이라도 의미 있는 습관을 길러주고 싶었다.

다양한 환경에서 영향을 받으며 몸에 밴 습관을 바꾸기란 쉽지 않다. 하지만 지속적인 반복과 노력으로 누구나 바뀔 수 있다는 걸 아이들을 통해 배웠다. 지금까지 시도했던 여러 활동 중에서 긍정적인 변화를 크게 가져왔던 것들을 정리해 보았다.

고운 말 챌린지

'고운 말 챌린지'는 언어 습관을 바르게 잡아주기 위한 활동이다. 몇몇 아이들이 놀이터에서 만난 형들에게 나쁜 말을 배워와서 반 친구들에게 썼다는 제보를 받았다. 입에 배기 전에 하루빨리 나쁜 말을 떼어내 주려고 이 활동을 시작했다.

기본 규칙은 간단하다. 수업이 끝난 후부터 다음날 1교시 전까지 나쁜 말을 쓰지 않아야 한다. 약속을 지킨 학생수를 계속 더해서 특정한 숫자에 도달하면 특별 활동을 할 수 있다. 사실 확인은 스스로 답하는 것에 달려있어서 오로지 양심에 맡긴 활동이다. 1교시 시작 직전에 전날 약속을 지킨 아이들의 숫자를 게시판에 크게 적는다. 약속을 지킨 아이들의 숫자를 계속해서 더하면 100, 200, 300, ... 이런 식으로 특정한 숫자에 도달하게 된다. 그러면 학급 회의를 거쳐 정한 재밌는 활동을 창체 시간이나 일찍 수업을 마친 날에 할 수 있다. 아이들이 직접 정한 활동을 하기로 한 만큼 효과는 컸다.

처음엔 보상이 너무 강조되지 않을까 걱정했다. 그런데 아이들을 믿고 약속을 정말 지켰는지 묻고 따지지 않은 것이 활동의 본질을 흐리지 않는 데에 도움이 되었다. 서로 목격한 내용을 알려주기도 하고, 나에게 슬쩍 와서 거짓말을 했다고 고백한 아이도 있다.

비속어까지는 아니더라도 나쁜 말을 썼다고 스스로 판단되면 일어나지 않았다. 구구절절 잔소리를 하지 않아도 모두가 진지한 태도로 참여했다.

약속을 지킨 아이들에게는 격한 칭찬을 해주고, 약속을 지키지 못한 아이들에게는 내일 다시 도전해 보자며 다 같이 "파이팅!"을 외쳤던 것도 분위기를 형성하는 데에 일조했다. 다른 사람이 지키든 안 지키든 자신과의 약속을 지키는 것에 집중하게 했다. 이 활동의 목적은 오직 나쁜 말을 쓰지 않는 하루를 보내는 것이었기 때문이다.

참여 열기가 더해지면서 한 달 정도만 진행하려고 했던 챌린지는 거의 한 학기 동안 이어졌다. 나쁜 말을 쓰던 아이들의 습관이 서서히 개선되었고, 자신과의 약속을 지켰다는 뿌듯함으로 활기찬 아침을 맞이하는 날이 늘어났다. 그러면서 자연스럽게 고운 말을 쓰는 것이 당연한 교실이 되었다. 간혹 비속어를 쓰는 친구가 있으면 그 말이 나쁜 말이라는 것을 주변 친구들이 알려주었고, 본인도 그걸 알기 때문에 더 노력하는 환경을 만들 수 있었다.

오.삼.똥

'오삼똥'은 글쓰기 습관을 길러주는 활동으로, '매일 5분씩 3줄 이상 글 똥 누기'의 줄임말이다. 매일 글을 쓰는 습관이 가져다주는 긍정적인 효과에 대해서는 이미 잘 알려져 있다. 그래서 분량이 짧아도 꾸준히 쓰는 습관을 길러주고 싶었다. 저학년 아이들에게도 얼마나 효과가 있을지 궁금했는데 기대 이상의 결과가 나와서 매년 해오고 있다.

1교시가 시작되기 전에 다 같이 "오삼똥!"을 외친다. 그러면 5분 타이머에 맞춰서 각자 주제를 자유롭게 선정해 공책에 글을 쓰기 시작한다. 표에 있는 예시 중에 골라도 되고, 그날 자기가 쓰고 싶은 주제로 써도 상관없다. 줄글을 쓰기 어려운 날은 시나 그림일기를 써도 된다. 형식은 자유롭다.

오삼똥 활동을 통해 크게 두 가지 효과를 얻을 수 있다. 첫째, 글쓰기 실력이 향상된다. 누구에게나 처음은 어렵다. 글쓰기도 마찬가지다. 주제를 고민하다가 5분 동안 한 글자도 쓰지 못한 아이가 있는가 하면, 일주일 내내 삼행시만 쓴 아이도 있었다. 그림만 그려서 내거나, 같은 문장을 세 번 반복해서 써낸 경우도 있었다. 하지만 모두 문제 삼지 않았다.

다양한 형태로 마음껏 글 똥 누기를 경험한 아이들은 2학기가 되자 훨씬 더 발전된 글을 보여주기 시작했다. 글씨체가 눈에 띄게 좋아지고, 창의적인 퀴즈를 만들어내고, 마음을 울리는 시를 쓰고, 공포 소설을 써서 뒷이야기를 궁금하게 만드는 등 자기만의 색깔로 알록달록한 글이 쏟아져 나왔다. 단순히 길게 글을 쓰는 것만이 글을 잘 쓰는 것은 아니다. 자기가 생각한 것을 자유롭게 글로 표현할 수 있다면 이미 작가나 다름없다. 이러한 관점에서 보면 전체적으로 아이들의 글 실력은 확실히 향상되었다.

둘째, 교사와 돈독한 관계를 맺는 데에 도움이 된다. 매일 글을 쓰다 보니 일부 아이들은 마치 일기를 쓰듯 고민을 적어서 내곤 했다. 그러면 글에 댓글을 달거나 고민이 어떻게 해결됐는지 슬쩍 물어보면서 끈끈한 관계를 맺을 수 있다.

글 쓰는 실력을 키우고 아침 시간을 보람차게 쓰기 위해 시작한 활동이었는데 아이들과 친밀감을 쌓게 해준 건 예상하지 못한 부분이었다. 그래서 더욱 소중한 경험이기도 하고 다른 선생님들께도 권해드리고 싶은 활동이다.

십 분만

'십 분만'은 책 읽기 습관을 기르는 활동이다. 다 같이 "십 분만!"을 외친 후, 내가 타이머를 켜면 모두 책을 꺼내서 10분 동안 책을 읽는다. 주의사항은 만화책이 아닌 줄글로 된 책만 읽기. 초반에는 분위기가 잡히지 않아 어수선했다. 타이머가 켜졌는데도 계속 돌아다니거나 책 읽기 대신 종이접기를 하고, 뒤에 앉은 친구랑 이야기하거나 뭘 해야 할지 몰라 가만히 앉아 있는 아이도 있었다. 하지만 시간이 지나면서 점차 분위기가 형성되었다. 여기에 도움을 주었던 세 가지 요인을 찾아보았다.

첫째, 지정된 배경음악 틀기. 이 시간이 되면 항상 똑같은 음악을 틀어주었다. 그러자 마치 학교종처럼 아이들이 음악 소리를 듣고 자리에 앉아 책을 읽기 시작했다. 늦게 교실에 들어온 아이들도 음악 소리를 듣고 활동이 시작되었다는 걸 바로 인지할 수 있었다.

둘째, 책 읽고 나서 별점 매기고 발표하기. 책 제목과 인상적인 내용을 간단히 소개한 후 별점이 5점 만점에 몇 점인지를 발표하게 했다. 그러자 발표하기 위해서라도 책을 제대로 읽는 아이들이 늘어났다. 친구의 후기를 듣고 흥미를 느껴서 다음엔 자기가 읽겠다고 너도나도 손을 들어 예약하는 경우도 있었다.

셋째, 교사도 함께 책 읽기. 실물화상기를 켜두고 내가 읽고 있는 책 화면을 텔레비전 화면에 띄워놓거나, 칠판 앞에서 책 읽는 모습을 보여줬다. 아이들은 일상에서 보고 듣는 감각을 통해 배우게 되는 것들이 많다. 이 시간에는 서로 방해하지 않고 집중해서 책을 읽을 수 있도록 나도 가급적 말을 하지 않고 책을 읽었다.

이렇게 꾸준히 10분씩 책을 읽다 보니 언제부턴가 아이들이 자기가 읽고 싶은 책을 도서관에 가서 적극적으로 빌려오기 시작했다. 내가 까먹는 날이면 아이들이 먼저 오늘은 언제 하냐고 물어보기도 하고 못 하게 되는 날은 아쉬워했다. 그렇게 우리는 책을 부지런히 읽어 나갔다.

다만 이 활동을 할 땐 수업 시간을 잘 분배하는 것이 중요하다. 되도록 시간을 고정해 두고 진행하는 것이 좋지만 10분이라는 시간이 꽤 길기 때문에 그날 시간표에 따라 유연하게 조정했다. 그래서 별점 발표는 책 읽기를 어려워하는 아이들을 위해 초반에만 진행했다.

올바른 습관을 길러주기 위해 아이들과 함께 진행해 볼 수 있는 활동은 많다. 앞서 내가 제시한 사례들은 나의 관심사에서 비롯된 것들이다. 특히 글쓰기와 책 읽는 활동이 그렇다. 내가 좋아하는 일을 아이들과 같이 하는 것에서 얻는 만족감도 크고, 교육적으로도 도움이 되니 일석이조다. 수업 외의 루틴을 한두 가지 더 만들어 놓으면 학급 운영에 안정감을 가져다 줄 수도 있다. 올해는 아이들과 어떤 습관을 만들 수 있을지 기대된다.

김주원

고학년과 함께한 첫걸음
: 외딴섬에서 길을 찾다

신규의 외딴섬

"야, 1지망은 6학년으로 써."

먼저 발령 났던 대학 동기의 추천이었다. 귀가 얇았던 나는 그대로 6학년 담임을 지원했다. 그 선택이 어떤 한 학기를 가져올지 모르고.

6학년 1반. 온전히 나 혼자 맡게 된 첫 번째이자 6학년의 유일한 반이며, 신설 학교의 외딴섬이었던 학급. 2학기에 개교한 탓이었을까, 6학년은 전교에서 가장 작은 반이었다. 아무리 덩치 큰 아이들이 모여 있어도 고작 13명이었던 탓에, 교실의 여백이 다소 크게 느껴졌다. 게다가 우리 교실은 학교에서도 가장 구석, 4층에 홀로 배치되어 있었다. 그 누구도 잘 찾아오지 않는 외딴섬. 나의 첫 6학년은 가장 눈에 띄지 않는 곳에서 시작하게 되었다.

나의 첫 학기를 한 문장으로 정의하자면, '모르는 게 약'이었다고 할 수 있겠다. 무엇을 모르는지도 모르는 상태의 나에게 수많은 과제가 쏟아졌다.

6학년 교육 과정을 혼자 만들어야 했다.

부장 회의에 들어가 의견을 내야 했다.

관련 업무의 공문을 작성해 결재를 올려야 했다.

사춘기 아이들과 매일 상담을 해야 했다.

아이들 중학교 배정을 진행해야 했다.

졸업 앨범과 졸업식을 준비해야 했다.

나는 시작과 끝을 동시에 준비해야만 하는 사람이었다. 머리가 터질 것 같았던 그때는 몰랐다만, 지금 생각해 보면 6학년 부장 노릇을 혼자 한 셈이다. 부장 교사가 하는 일이 무엇인지도 모르던 때였으니, 다른 신규 교사들도 다 이렇게 바쁜가 했다. 그래서 항상 초과 근무를 해야 마칠 수 있는 나 자신에게 자괴감이 들 때가 많았다. 다들 금방 끝내고 퇴근하던데, 내가 일머리가 없나? 자책하고 있기엔 할 일은 너무 많았고 시간은 없었다. 6교시 수업을 끝내고 듣는 아이들의 하교 인사는, 업무가 시작된다는 알림이나 마찬가지였다. 아이들이 눈에서 사라지고 나면 일을 배우는 시간이었다. 새로운 일을 배워 익숙해지는 과정에서의 성취감은 꽤 컸다. 성취와

비례하게도, 피로가 착실히 쌓였다. 눈 밑이 자주 거뭇해졌다.

 그나마 다행인 것은, 아이들이 맘에 들었다는 것이다. 첫 제자라서 콩깍지가 쓰이긴 했을 것이나, 어쨌든 예뻤다. 그렇게 예뻤던 만큼 날 괴롭혔다. 신설 학교의 첫 학교 폭력은 우리 반 남학생들의 손에서 시작되었다. 여학생들은 학교의 빈 공간을 이용하여 따돌림과 뒷담을 일삼았다. 4층에 있는 어른이 나 밖에 없다 보니, 내가 잠깐이라도 자리를 비우면 아이들의 무법 지대가 펼쳐졌다. 쉬는 시간만 되면 복도를 한 바퀴 돌며 확인해야 했다. 교실의 위치를 바꾸자는 말까지 나왔지만, 결국 무산되었다. 4층의 외딴섬은 그야말로 시한폭탄과도 같았다. 물론 평소의 아이들은 나를 정말 잘 따라주었지만, 자꾸 자잘한 문제가 터지자 신경이 쓰일 수밖에 없었다. 내 성격엔 잘 없었던 자책의 시간이 왔다. 나 때문에 애들이 이 모양인가? 내가 신규라서 지금 이 상황을 해결하지 못한 건가? 선배 교사의 도움이 절실하던 그때의 나에게는 동 학년 선생님도, 학년 부장님도 없었다. 내가 갈 곳은 한 곳뿐이었다.

 "무엇이든, 모르겠으면 일단 물어보세요."

교감 선생님이 6학년을 시작하던 나에게 하신 말씀이었다. 교감 선생님이 먼저 시작하신 거다. 나는 내가 혼자 해결하기 어려운 문제가 생기면 일단 교무실로 가서 하소연했고, 교감 선생님은 조언을 주셨다. 그 당시의 나에게는 교감 선생님이 동 학년이었고 학년부장이었다. 나중에는 조금 귀찮아하신 것도 같지만, 나는 이런 데에서는 꽤 뻔뻔한 편이기에 아랑곳하지 않았다. 문서 결재부터 학교 폭력, 중학교 배정 문제까지. 꽤 사소한 부분도 많이 물었다. 교감 선생님은 조언을 주시되, 내가 선택하도록 하셨다. 참 감사한 일이었다.

신규 교사로서의 첫 학기는 다사다난하였으나, 12월이 되어 가면서 모두가 안정을 찾는 듯했다. 나 빼고. 나는 쉬지 못했다. 중학교 배정 업무와 졸업 앨범 제작은 오롯이 6학년 담임만의 일이었기에, 꾸준히 진행 중이었다. 특히 중학교 배정 업무는 내 신경을 곤두서게 했다. 절대 실수가 없어야 했다. 다른 업무들이야 내가 실수하고 내가 만회하면 그만이었다. 하지만 중학교 배정은 아이들의 미래가 걸린 일이다. 나의 사소한 실수로 남에게 문제가 생기는 건 내가 제일 싫어하는 일 중 하나다. 교육청에서 진행하는 연수 자료를 밑줄 쳐 가며 머릿속에 집어넣었고, 학부모 대면 연수까지 진행했다. 아이들이 적어낸 중학교 희망 순위를 몇 번이고 확인해 가며 프로그램에 입력했다. 교육청에 제출할 때까지 긴장을 놓지 않았다. 신규이기에 가능한 긴장이었다.

중학교 배정 업무를 마치고, 한결 가벼운 마음으로 졸업 앨범 제작에 들어갔다. 말이 졸업 앨범이지, 학급 포토북 제작이었다. 우리 학교는 전문 업체를 불러 졸업 앨범 제작을 하기 어려웠다. 9월에 개교한 데다가 6학년 전체 학생 수는 전학을 와도 14명. 졸업 앨범 제작 업체가 제시한 최소 인원수의 반절조차 채우지 못했다. 이를 예상했던 교감 선생님은 9월부터 나에게 특명을 내렸다. 아이들 사진을 최대한 많이 찍어 둘 것. 그리고 그 사진으로 졸업 앨범을 대체할 학급 포토북을 만들 것. 나는 그 문장을 포스트잇에 적어 모니터에 붙이고, 눈에 보일 때마다 아이들을 찍었다. 포토북이지만 나름 졸업 앨범처럼 보이고 싶어 다양하게도 찍었다. 틈만 나면 아이들을 복도 벽에 세워두고 증명사진처럼 사진을 찍었다. 운동장에 데리고 나가 한 명씩 포즈를 취하게 하여 전신사진도 찍었다. 학교 중정으로 가서 모둠별로 사진도 찍었고, 학교 구석구석에서 단체 사진도 찍었다. 교실에서 아이들이 놀고 있는 걸 놓치지 않고 모두 찍었다. 하나라도 잘 찍히지 않으면 다음 날 다시 찍으러 나가기도 했다. 퇴근하고 나면 드러누워 아이들 사진을 하나하나 보정하기 시작했다. 여드름이 나던 아이들의 피부를 하얗게 만들고, 눈도 살짝 키워주고, 배경도 깔끔하게 만들었다. 그 일을 거의 몇 주간 했던 듯하다. 보정까지 마친 아이들의 사진을 보면 괜스레 가슴이 뛰었다. 오로지 나 혼자 만들어가는 졸업 포토북은 의외의 활력을 주었다. 과정은 힘들었으나 결과물은 너무도 만족스러웠다. 나의 힘들었던 첫 한 학기를 이 포토북에 담은 것만 같았다. 지금도 포토북만큼은 무리해서라도 자랑하는 편이다. 신규로서, 첫 6학년 담임으로서 잘 해냈다는 스스로의 증명이기에.

포토북 제작도 마무리되자 졸업이 성큼 다가왔다. 업무도 어느 정도 익숙해졌고, 6학년만 하던 일도 잘 마무리했다. 성취감과 자신감이 꽤 치솟은 상태였다. 졸업식만 남았다. 내가 이 신설 학교의 첫 번째 졸업생을 혼자 맡았다는 것이 엄청난 자부심이었다. 이렇게 한껏 치솟은 감정들은 또 하나의 일을 벌이게 만들었다. 바로 졸업 영상. 안 해도 되는 일이었다. 하지만 1회 졸업식에 뭐라도 더 올리고 싶은 쓸데없는 마음이 생긴 이상, 일은 추진되었다. 감사하게도 많은 선생님들의 도움을 받아 진행할 수 있었다. 운동장부터 4층 교실에 올라오기까지, 층마다 교실에 아이들을 배치하여 튀어나오는 원테이크 영상이었다. 나도 아이들도 이런 촬영은 처음이라 리허설만 세 번을 했다. 나는 운동장부터 4층까지 쉬지 않고 네 번을 뛰어다녀야 했다. 롱패딩을 입어야 했던 날씨에 땀을 한 바가지 흘렸다. 하지만 그 모든 과정이 즐거웠다. 그때의 감정은 지금도 생생하다. 오로지 나만 할 수 있는 일이었기에 더욱 신났다. 나중에 2회, 3회…… 50회 졸업이 있어도 지금과 같은 느낌은 그 누구도 느낄 수 없을 것이라 생각했다. 14명의 학생과 학교의 구석구석을 뛰어다니며 이렇게 즐길 수 있는 일이 언제 있겠는가? 그것도 나 혼자만의 계획으로! 동 학년이 없다는 게 처음으로 좋았던 순간이었다. 이렇게 내가 혼자 계획하고, 내가 혼자 일을 벌이고, 나 혼자 즐기고. 나 혼자 해야만 하는 일에서 벗어나 나 혼자만 할 수 있는 일을 하는, 알 수 없는 쾌감이 들었다. 그렇게 만든 졸업 영상은 성공적이었다. 투박했지만 감동적이었고, 졸업식 직후 모두가 입을 모아 칭찬을 했다.

겸손을 떨진 않았다. 다사다난했던 6학년을 무사히 졸업시켰다는 나의 자부심이었고, 훌륭한 마무리였다. 앞으로 그 어떤 졸업을 해도 이런 성취감은 느끼지 못하겠구나 싶었다. 무엇이든 할 수 있을 것만 같았다. 추운 겨울이었지만, 마음 한편은 뜨거웠다.

"6학년 지원하라고 해 줘서 고마워."

그렇게 첫 겨울 방학을 맞이하고, 나에게 학년 추천을 했던 동기에게 고마움을 전했다. 동기는 내가 잘 해낼 것 같았다고 말했다. 쑥스러운 웃음이 비집고 나왔다. 그렇다. 나는 잘 해냈다. 학교에서 제일 높고도 외로운 곳에서, 가장 컸지만 가장 적었던 아이들과, 아주 멋진 마무리를 했다. 내가 부장 노릇까지 한 줄은 몰랐지만, 차라리 몰랐기에 당연하게 할 수 있었다. 지나와서 보면, 오히려 잘된 일이라 생각한다. 덕분에 더 강하게 컸으니. 6학년 1반은 고립된 외딴섬이 아니었다. 홀로 만들어낸 나만의 작은 나라였다.

사춘기, 봄을 생각하다

"쟤 눈빛이 좀 이상한데."

우리 반 남학생을 본 부장님의 한마디였다. 부장님 반 학생도 아닌데 어떻게 알아채셨지. 갑작스럽게 사춘기를 맞이한 남학생이었다. 순진하게 빛났던 눈망울에 반항기가 들어차고 있었다. 2024년 3월, 나의 두 번째 6학년이 시작하던 때였다.

발령 후 첫해를 마치고, 5학년 담임이 되었다. 내 인생 첫 5학년이었다. 다행스럽게도 아이들은 사랑스러웠고, 나의 실험적인 시도도 쉽게 받아들일 만큼 흡수력도 좋았다. 아이들에게서 무한한 사랑도 받았다. 정이 깊게 들며 조금의 집착이 생겼다. 이 아이들을 내 손으로 졸업시키고 싶다는 욕심이었다. 그렇기에 내년 학년 선택의 기회가 주어지자마자 고민도, 주저함도 없이 6학년 담임을 희망했다. 주변 부장님들은 연임을 말리셨으나, 나는 고집이 센 사람. 듣지 않았다.

그렇게 6학년 3반을 맡았다. 가장 구석에 있던, 내 외딴섬으로 다시 돌아왔다. 첫 발령 때 맡았던 그 교실에서 다시 시작하게 된 것이다. 이제는 학년 부장님도, 동 학년도 생겼다. 이젠 더 이상 외딴섬이 아니었으나, 나에게는 중요치 않았다. 나의 처음을 시작했던 곳에 돌아오니 내심 기뻤다. 3월의 첫날, 교실로 올라가는 마음은 한없이 부풀었다. 내가 사랑한 아이들과 이 교실에서 함께 할 수 있다니. 앞으로 펼쳐질 행복한 1년을 생각하며 새 학년을 시작했다.

3월, 뭔가 잘못되었음을 느꼈다. 분명 작년의 너는 이러지 않았다. **5학년을 맡았던 나는 너희의 사랑스러움에 그만 6학년을 지원했다. 그리고 앞으로도 그럴 줄 알았다. 물론, 고학년 학생들이니만큼 사춘기 정도는 예상했다. 겪어본 적이 없는 것도 아니다. 그런데도 배신감이 느껴졌다면, 내 기대가 너무 컸던 탓이었겠지.**

고학년이니만큼, 사춘기를 받아들이는 건 당연한 과정이었다. 하지만 5학년 시절을 기억한 나로서는 실망감이 꽤 크게 다가왔다. 언제나 담임 선생님을 바라보며 애정을 갈구하던 순진한 눈망울은 까맣게 지쳐 버렸다. 나의 말 한마디 한마디에 시비를 걸어보려고 머리를 굴리는 게 한눈에 보였다. 나름의 애교를 가득 담았던 말투는 짜증이 가득한 한숨으로 변했다. 유독 남학생들에게서 이런 모습이 자주 보였다. 특히, 작년부터 함께 했던 한 아이의 눈빛은 부장님이 알아챌 정도로 달라져 버렸다.

 화가 났다. 이렇게 반항기가 드러날수록 더 잡아야 한다고 생각했다. 잔소리가 많아졌다. 유독 눈에 띄는 학생은 학년 연구실로 데려가 일대일 상담을 했다. 아이들은 연구실을 '진실의 방'이라고 칭하며 두려워했다. 학급에서 친구들과 있을 때는 그렇게 큰 소리를 내던 아이들이, 진실의 방에서 나와 독대하게 되면 그렇게 순해질 수가 없었다. 그러나, 잔소리하고 화를 내고 상담을 계속해도, 눈빛이 변한 그 아이는 여전했다. 심지어 전담 선생님에게서 그 아이 때문에 화가 났다는 이야기를 여러 번 전해 듣기까지 했다. 마음이 심히 좋지 않았다. 5학년 때 그 아이를 정말 예뻐했고, 그 마음은 여전했다. 예전의 모습을 다시 보긴 어렵다는 걸 알았다만, 그래도 그 아이의 애정 어린 눈망울을 다시 보고 싶었다. 그 아이와 다시 친해지고 싶었다. 다시 그때와 같을 수 있을까, 속이 답답했다.

 갑갑한 채로 5월이 되었다. 그 아이를 여느 때와 같이 혼냈고,

진실의 방에서 잔소리를 한가득 퍼붓고 있던 하루였다. 내 말이 잠시 멈추었던 그 틈, 울먹이는 눈망울의 아이가 입을 열었다.

"선생님은 저를 좋아하지 않잖아요. 선생님은 다른 아이들만 예뻐하잖아요. 왜 맨날 저만 혼내세요."

머리에 벼락을 맞은 것 같았다. 아니, 나는 너를 너무 예뻐했기에 혼낸 거야. 나는 너랑 작년처럼 잘 지내고 싶어서, 자꾸 엇나가는 너를 잡으려고 그런 거야. 무수한 변명이 머릿속에서 맴돌다가 증발했다. 와닿지도 않는, 어른의 뻔한 변명 그 자체였다. 그리고 깨달았다. 나는 한 달이 넘는 시간 동안 이 아이에게 잔소리만 했지, 애정을 표현하지 않았다. 마음속으로만 예뻐하면 뭐 하나, 애는 이렇게 모르는데. 입 밖으로 나오지 못한 애정은 아무에게도 닿지 못하는 게 당연한 것을. 울고 싶어졌다.

다음 날이었다. 그 아이와 다시 연구실에서 마주 앉았다.

"미안해."

선생님이 학생에게 사과하는 일 같은 건 죽어도 만들지 않기로 했는데.

"선생님이 너를 너무 예뻐하는데, 오히려 표현을 못 하고 잔소리만 많이 했다."

다소 뻔한 변명에 아이의 눈동자가 커졌다.

"선생님은 작년에 이어 올해도 너랑 함께 할 수 있어서 너무 기뻤는데. 너 또 만나고 싶어서 6학년 담임 희망한 거야."

과장이 조금 있지만 사실인데. 이해하려나.

"선생님이 너를 그렇게 많이 사랑하는데 너는 잘 몰랐겠지, 앞으로는 선생님도 노력해 볼게."

믿으려나?

아이는 고개를 푹 숙인 채 듣고만 있었다. 그렇게 상담이 끝났다.

하교 후, 아이들의 주제 글쓰기를 검사하다가 그 아이의 공책을 보게 되었다. 자책이 가득한 글이었다.

'내가 말을 잘 안 들어서 선생님이 날 미워한다.'

'내가 수업 시간에 자꾸 방해해서 선생님에게 자주 혼난다, 고치고 싶다.'

내가 본 글 중 제일 속상한 열 줄이었다. 안 그래도 상담 때 제대로 대화를 하지 못한 것 같아 차라리 잘 되었다 싶었다. 아이의 글쓰기 아래에 답글을 적기 시작했다. 선생님은 너를 미워하지 않

아. 쓰다 보니 내 답글이 아이의 글쓰기보다도 길어졌다. 거의 편지를 썼는걸. 그만큼 마음이 전달되기를 바라며 공책을 덮었다.

다음 날, 글쓰기 답글을 확인하는 아이의 눈빛은 꽤나 기뻐 보였다. 답글을 몇 번이고 읽는 아이가 계속 눈에 밟혔다. 그 이후에도 아이와의 은밀한 소통은 계속되었다. 아이에게 애정과 믿음을 보여주고 싶어서 계속해서 세뇌하듯 이야기를 했다. 선생님은 널 정말 아끼고, 네가 어떤 행동을 보여도 널 믿을 거야. 그러니 너도 선생님을 똑같이 대해 줘. 그렇게 말하면서도, 아이의 무심한 눈빛에 점차 익숙해지는 듯했다.

"선생님, 제가 할게요."

잠깐 귀를 의심했다. 잘못 들었나. 그 아이였다. 수업 시간에 적극적으로 나서다니, 오늘 뭔 일이지. 하지만 그 아이와 눈이 마주치자 순간 소름이 돋았다. 5학년 때 봤던 그 애정 어린 눈빛이다. 잠깐이겠지 싶었다. 하지만 잠깐이라도, 작년을 떠올릴 수 있음에 기뻤다.

아니, 이상했다. 잠깐이 아니었나? 잠깐이라고 생각했던 순간들은 매일 이어졌다. 꽤 극적이라고 생각될 만큼 아이의 모습은 변했다. 멈췄던 태엽이 돌아가듯이, 그동안 숨겨 왔던 애정을 이제라도 표현하는 아이가 사랑스러웠다. '상담 의자'라고 불리던 내 옆자리 의자는 아이의 전용 좌석이 되었다. 틈만 나면 내 옆에 와 앉아서 관심을 받고 싶어 했다. 칭찬을 받으면 하염없이 행복해했고, 언제나 나의 눈만 쳐다보고 있었다. 처음에는 이렇게 갑자기 변한 아이가 마냥 좋았는데, 점점 죄책감이 더해졌다. 사춘기라는 틀에 갇힌 건 오히려 나 아니었는지. 그저 사랑과 믿음이 더 필요해진 시기가 왔는데, 사춘기라는 생각으로 더 모질게 굴었던 건 아닌가 생각이 이어졌다. 그저 아이를 믿어주면 되었던 것을, 괜히 멀리 돌아서 온 기분이 들었다.

사춘기라는 단어를 한자로 풀어보면 생각 사, 봄 춘, 기약할 기이다. 봄을 생각하고 기다리는 시기라고 멋대로 해석해 본다. 봄은 따뜻함을 연상시킨다. 흔히들 질풍노도나 반항의 시기로 말하는 사춘기는 사실, 따뜻한 봄과 같은 사랑을 기다리는 때가 아닐까 조심스럽게 생각해 본다.

한 스푼 성장 레시피- 고학년 지도

1. 꾸준한 학교폭력예방교육

고학년은 학교 폭력의 빈도가 높다. 학교 폭력 발생 후 하는 교육보다, 사전에 꾸준히 교육을 진행해야 한다. 나 같은 경우, 개학한 첫날부터 학교폭력예방교육을 1시간 이상 진행한다. 학교 폭력의 유형, 학교 폭력 신고 절차, 학교 폭력 징계 종류 등 관련 내용을 전부 자세하게 설명한다. 과거 학교 폭력 때문에 직업을 잃거나 큰 비난을 받게 되는 연예인이나 운동선수의 사례를 자주 보여줘도 좋다. 아침 시간에 5분씩 지도를 해도 좋다. 때로는 수업 시간 1시간씩 할애하여 학교 폭력 유형별로 자세한 설명을 하는 것도 좋다. 학교폭력예방교육을 할 때만큼은 수업 시간을 뺏긴다고 아까워할 필요 없다. 특히 요즘은 SNS를 통한 사이버 폭력이 많으므로 이에 대한 지도도 꾸준해야 한다. 우리 학교의 경우, 6학년 모든 반에서 단체 카톡방을 만드는 것을 금지했다. 물론 이렇게 해도 만들 학생은 만든다. 다만, 그 단체 카톡방에서 일어나는 모든 대화는 본인들이 책임져야 하며, 사이버 폭력 시 대화가 증거로 수집될 수 있음을 강조한다. 학교폭력예방교육 실시 후에는 알림장 등을 통해 학부모에게도 한 번씩 지도 내용을 안내하며, 가정에서도 관찰 및 지도할 수 있도록 요청한다.

2. 학생 상담

고학년 학생들끼리 학교 폭력 또는 다툼이 잦을 수 있다. 교사가 보지 못한 상황에서의 갈등일 경우 정확한 상황 파악을 위해 상담지를 준비할 것을 추천한다. 작년에 '함께학교'에서 공유한 갈등 해결 상담지를 활용했는데, 많은 도움이 되었다. 육하원칙에 따라 갈등 시간과 상황을 구체적으로 작성하도록 하고, 그때의 나의 마음과 상대방에게 바라는 점을 추가로 적게 한다. 이를 완료했다면, 상대방에 대한 나의 행동을 되돌아보고 역지사지의 마음으로 상대의 감정을 생각하는 시간을 가진다. 이런 상담지는 교사와 학생 모두에게 도움이 된다. 학생은 차분히 상황을 떠올리며 전달할 수 있으며, 교사는 직접 보지 못한 갈등 상황을 객관적으로 파악할 수 있다. 상담지는 그 이후의 학생 및 학부모 상담에도 자료로서 사용할 수 있으니, 학기 초에 미리 인쇄해 두는 것을 추천한다.

3. 선생님의 수업에 대한 존중

고학년 학생들은 부정적인 표현을 많이 하는데, 특히 자신이 싫어하는 과목에 대한 불호 표현이 자주 튀어나온다. 이를테면, '다음 시간 수학이야? 아 재미없는데, 진짜 하기 싫다.'라든지, '선생님, 다음 국어 시간에 그냥 놀면 안 돼요?' 같은 말. 교사 입장으로서 꽤나 화가 나는 말이다. 하지만 무시하면 안 된다. 이런 부정적인 말은 교실 분위기에 영향을 끼치며, 학생들이 교사를 존중하지 않는 태도를 기르게 된다. 개학한 직후 단호하고 강하게 안내를 해야 한다. 이런 말은 교권을 침해하는 행동이라는 걸 정확하게 인지시킨다. 국가에서 정한 교육 과정을, 그리고 선생님이 공들여 준비하는 수업을 무시하는 매우 무례한 언행이라고 단호하게 말한다. 또한 이 수업을 기다린 다른 학생에 대한 수업권을 침해하는 아주 이기적인 언행이라는 것을 말해야 한다. 학생들의 부정적인 말에 절대 흔들리지 말고 명확하게 말하도록 노력하자.

고학년
연대기

　초등학교에서 가장 큰 덩치, 서서히 굵어지는 목소리, 논리적으로 시비 걸 곳을 찾아 헤매는 눈동자, 해맑게 웃지만 어딘가 꿍꿍이가 숨어 있는 묘한 표정, 무리 지어 다니기 시작하고, 말발로 이겨보고자 하는 모습이 눈에 빤하지만 논리성은 떨어지고, 머리가 굵어졌다는 말을 자주 듣는……. 이 모든 조각을 꿰매보면 나오는 그들의 이름은 바로 고학년이다.

　그런 고학년을 세 번이나 연달아 맡았다. 타의는 전혀 없는, 온전한 나의 고집이었다. 특히 6학년에 대한 선호가 컸다. 담임으로서 처음 맞이했던 경험의 영향이 있었을지도 모르겠다. 정확히 말할 수 있는 건, 6학년에 대한 나의 쓸데없는 집착이 한몫했다는 것이다. 한 번 맡은 아이들은 내 손으로 졸업시키고 싶다는 욕심. 다만 이 집착을 주변 선생님들 그 누구도 이해하지 못했다.

　5학년 담임이 끝나자마자 바로 6학년 담임을 지원했다. 연임이었다. 6학년으로 확정될 걸 알았기에 마음이 부풀었다. 처음 맡았던 6학년보다 더 잘할 자신이 있었다. 항상 그래왔듯이, 다사다난한 문제가 있어도 마지막엔 웃으며 보낼 걸 알았기에 걱정은 크지 않았다. 언제나 (나에게만큼은) 사랑스러운 반이 될 거라는 알 수 없는 확신도 있었다.

사랑과 단호함. 고학년 담임으로서 가장 중요하게 여긴 두 가지이다. 단호함이야 당연한 것이라지만, 아이들을 사랑하는 것은 쉽게 받아들이기 힘들어 보인다. 아동 학대 신고의 두려움과 업무의 과중함, 선을 넘는 아이들과 같은 요즘 세태를 보면 아이들을 진심으로 사랑하기란 여간 어려운 것이 아니다. 그럼에도 나는 아이들을 사랑하기로 했다. 다만, 내 성격에 맞게 사랑의 형태를 다듬었다. 나는 아이들의 친구가 되기로 했다.

친구 같은 선생님이라니, 이거 아이들이 선을 넘기 쉽겠는데요?

선생님을 대하는 버릇이 안 좋아지겠어요. 틈만 주면 머리끝까지 기어오른다고요.

선생님을 가볍게 여기면 어떻게 해요. 선생님의 무게가 있어야 아이들도 말을 듣죠.

맞다. 맞는 말이다. 그래서 고민도 많이 했다. 하지만 결론은 언제나 같았다. 나는 아이들에게 엄마 같은 사랑을 줄 수도, 아니 주고 싶지도 않다. 아이들은 내 자식이 아니다. 그렇다고 언제나 엄하고 두려운 선생님이 되자니 사춘기와 부딪혀 역효과를 낸다. 무서운 선생님의 수사망을 피하고자 아이들은 더욱 필사적으로 숨어든다. 숨어드는 아이들을 쫓아다니는 개고생은 첫 발령 때로 족하다. 그럼 당연히 결론은 하나로 귀결된다. 물론 친구는 조금 자존심 상하니, 나는 아이들의 언니와 누나가 되어 보기로 했다.

"아이들이 선생님과 꽤 가까운 것 같은데? 뭐랄까… 누나 같이 대하네."

학년부장님의 걱정이 느껴지는 조언이 이어졌다. 아이들이 만만하게 대할까 봐 염려하시는 것 정도는 눈치껏 알 수 있었다. 부장님의 조언을 가슴 깊이 새기되 흔들리진 않기로 했다.

남학생들과 친해지기

남학생들과 친해지는 건 너무 쉬웠다. 일단 시비를 걸면 되었다. 가만히 있는 남학생에게도 들이대서 시비를 걸었다. 당황하던 모습도 있었지만, 이제 머리가 굵어진 아이들이라 금세 받아칠 준비를 마치고 다가왔다. 장난기 가득 들어찬 얼굴로 와서 말을 걸면 나 역시 바로 시비를 걸었다. 남동생이 실제로 있어서 그런지, 남학생들과 농담을 주고받는 일 정도는 어렵지도 않았다. 남학생들과 친해져서 그런지, 작은 장난 정도는 치는 사이가 되었다. 남학생들은 점심때마다 복도에서 나를 기다렸다. 나를 좋아해서 그런 건 아니었다. 감정 표현을 잘 하지 않는 담임 선생님을 깜짝 놀라게 하려고 잠복하는 정도였다. 내가 복도에 나타날 때마다 남학생 3~4명이 튀어나왔는데, 한 번도 제대로 놀란 적이 없었다. 참 귀엽게도, 아래층에서부터 남학생들이 작당 모의하는 소리가 다 들려왔기에, 놀라고 싶어도 놀랄 수가 없었다. 이 정도로 날 놀라게 할 수 있겠냐며 시비를 걸면, 남학생들은 열심히 머리를 굴려 가며 다른 방법을 모색해 왔다. 남학생들은 속이 빤해서 귀여웠다. 내가 나타날 때마다 우르르 몰려와서 말을 거는 모습은 거대한 리트리버 같았다.

그래도 항상 중요한 것은 단호함이다. 선을 넘는 순간을 제대로 잡아내야 한다. 남학생들은 나에게 몇 번 크게 혼나고 나서는 서로를 견제하는 사이가 되었다.

"야, 선생님께 그렇게 말하면 되겠냐?"

"와, 너는 진짜~ 눈치가 없냐?"

고학년 학생들은 선생님의 말 한마디보다 친구들의 매서운 눈초리를 더 신경 쓴다. 특히 남학생들은, 알게 모르게 서열이 보였는데 이를 유용하게 써먹었다. 아이들에게 큰 영향을 끼치는 아이를 내 편으로 만들었더니, 조금 편해질 수 있던 것이다. 선생님 귀에 들어가면 바로 분위기가 냉랭해질 걸 알다 보니, 분위기를 좋게 유지하고 싶어서 자기들끼리 선을 지키는 모습이 자주 보였다. 내가 마치 예전 수련회 교관이 된 것만 같았다.

"여러분이 선을 지키면 나는 너희의 누나 같은 친근한 존재가 될 것이다. 하지만, 선을 넘는 순간 여러분의 눈물을 쏙 **빼는** 악독한 선생님이 될 수도 있다."

여학생들과 친해지기

하지만 내가 계속 친근하게 굴었던 유일한 상대가 있었으니, 바로 여학생들이다. 사춘기를 진작에 받아들인 여학생들은 한마디로, 고양이 같았다. 곁을 쉽게 주지 않으며, 심리적인 벽이 있었다. 경계심이 많아 조심스러웠다. 내가 없어도 여학생 그들만의 세상이 잘 돌아가는 것만 같았다. 어떤 일이 있어도 선을 넘지 않고, 눈치껏 행동했다. 장난스럽게 시비를 걸었더니 어떻게 반응해야 할지 몰라 우물쭈물 멀어지는 모습에 당황했다. 이 아이들에게는 진짜 다정한 친구처럼 다가가야겠다는 생각이 들었다. 이 아이들이야말로 내가 조금이라도 밀면 저 멀리 날아가 영영 오지 않을 것만 같았다.

친해지려면 역시 관심사가 통해야겠지. 여학생들의 관심사는 무엇일까? 찾는 건 어렵지 않았다. 아니, 애초에 고민하지도 않았다. 내가 학생 때를 되돌아보면 답은 쉽다. 바로 덕질! '어떤 분야를 열성적으로 좋아하여 그와 관련된 것들을 모으거나 파고드는 일'을 덕질이라고들 한다. 그렇다면 우리 반 여학생들은 무엇을 '덕질'하는 걸까? 수업하다가 여학생들의 책상이나 필통만 주의 깊게 살펴봐도 바로 파악된다. 우리 반 여학생들은 아이돌 덕질에 열심이었다. 정말 다행스럽게도, 나는 이 아이들과 관심사가 통할 수 있었다. 나 역시 중학생 때 아이돌 덕질에 열심이었으며, 성인이 된 지 한참 지난 지금도 아이돌 노래를 정말 좋아한다. 게다가 지금도 덕질을 하고 있으니 아이들과 소통하기 쉬웠다. 그러면, 이제 시작해 본다.

일단 첫 단계는, 선생님도 너희의 관심사를 잘 알고 있다는 걸 알리는 것이었다. 아이들이 놀이 활동을 할 때, 배경음으로 최신 아이돌 노래를 틀어둔다. 선곡 플레이리스트는 진작 만들어뒀다. 여학생들의 책상과 필통, 사물함을 관찰하여 알아낸, '최애(가장 아끼고 좋아하는 대상)' 아이돌의 노래로만 틀어준다. 그러면 반가움을 감추지 못한 여학생들이 슬쩍 말을 건다.

"선생님! 선생님도 이 노래 아세요? 요즘 제가 제일 좋아하는 노랜데!"

걸렸다. 이때 약간 반가운 표정을 지어주며 여유롭게 대답해야 한다.

"쌤도 요즘 이거 맨날 듣는데! 너랑 나랑 통했다. 신곡이라 들어봤는데 노래 좋더라. 이 그룹 멤버들도 잘생겼던데, 넌 최애가 누구야?"

그러면 바로 두 번째 단계인 대화로 이어질 수 있다. 여학생들은 눈을 반짝거리며 자신의 최애를 소개한다. 대부분의 여학생은 최애의 포카(포토 카드)나 굿즈까지 보여주며 자랑을 한다. 대화를 이어갈 최애가 없다 해도 괜찮다. 앨범의 수록곡 이야기를 할 수도 있고, 요즘 아이돌 중 누가 인기 많은지 물어봐도 대화는 이어졌다. 여학생들은 선생님과 아이돌 이야기를 한다는 것만으로도 신기해하면서 들떴다. 나 역시 중학생 때의 나를 보는 것 같아 즐거웠다. 나중에 가서는, 정말 친구가 된 것 마냥 아이들의 앨범 개봉식을 구경하기도 했다. 아이들은 이것을 '앨범깡'이라고 했는데, 앨범에서 자신의 최애 포카가 나오기를 기원하며 간절하게 뜯고 있었다. 말리지 않고 옆에서 시비를 걸면 더더욱 친근해질 수 있다. 여학생들은 이런 나의 모습을 너무 좋아해 주었다. 나에게 말을 잘 못 걸던 아이들도, 덕질하는 아이돌의 최신곡을 내가 슬며시 틀어주는 순간 웃음이 번졌다.

물론, 변수는 어디든 있다. 아이돌을 덕질하지 않는 여학생도 있기 마련이었다. 이런 아이들의 관심사를 어떻게 찾아낼지 고민했고, 방법을 찾았다. 아침마다 쓰는 주제 글쓰기를 활용한 것이다. '내가 요즘 덕질하고 있는 것은?', '나의 관심사 Top3는?' 등 대놓고 관심사를 찾아낼 주제를 던져주었다. 그러면 십중팔구 자신이 관심사에 대해 구구절절 써 놓은 글쓰기를 건져 올릴 수 있었다. 이때 중요한 건 나의 답글이다. 모르는 건 검색을 해서라도 아는 척

하며 답글을 달았다. 아는 척이 어려울 땐, 이런 답글을 달면 된다.

'오, 네덕에 이런 것도 있다는 걸 알았어! 선생님도 관심이 생기는데, 좀 더 자세히 설명해 줄 수 있을까?'

글쓰기 답글을 확인하는 아이를 바로 불러내 설명을 요청하면 되었다. 어떤 아이든 자신이 좋아하는 분야를 설명할 때의 눈빛은 반짝였고, 나는 그 눈빛을 반기기만 하면 되었다.

여학생들의 마음을 얻는 게 좀 더 품이 드는 일이었지만, 결과적으로는 언니로서의 역할을 어렵지 않게 수행할 수 있었다. 고학년이라면 담임 선생님에게는 잘하지 않을 연애 상담이나 친구 관계 같은 이야기를 하러 오는 것만 봐도, 나는 선생님 이상의 라포르를 쌓았다는 성취감이 들었다. 나 역시 선생님으로서 마냥 교과서적인 이야기만 하는 게 아닌, 진짜 언니가 된 것처럼 반응하며 이 유대 관계를 좀 더 오래 유지하고자 했다.

물론 6학년들의 언니, 누나가 되는 일은 쉽지 않았다. 언제나 선을 넘지 않는 아슬아슬한 줄타기의 연속이었다. 때로는 이게 잘하고 있는 것인지 고민도 했으나, 한 아이와의 상담에서 나 자신에게 확신을 가질 수 있었다.

"선생님이 때로는 누나 같이 대해줘서 좋았어요. 선생님들은 다 무서운 사람들이라고 생각했는데……. 선생님도 첫인상은 무서웠는데, 오히려 장난도 많이 치시고 잘 받아주셔서 편했어요."

고학년 담임 생활은 아이들과의 밀고 당기기의 연속이라 할 수 있다. 적당히 밀어주는 때도 있어야 한다. 하지만 당길 때는, 아이들이 품에 들어올 정도로 당겨줘야 한다. 진짜 안아주라는 소리는 아니다. 밀어내는 것보다 더 오냐오냐 받아줘야 한다는 소리도 아니다. 단호할 땐 제대로 단호해야 하지만, 사랑을 줄 때는 언니가 된 것처럼 누나가 된 것처럼 진심이 가까워져야 한다는 것이다. 실제 친누나나 친언니는 나에게 항상 다정하기만 하진 않을 것이다. 하지만, 필요할 때는 나의 편이 되어줄 거라는 믿음을 주며, 잘못에는 누구보다도 쓴소리하며 시비를 거는 모습에서 사랑이 존재한다. 고학년 학생들에게는 그런 언니 같은, 누나 같은 사랑을 줄 존재가 필요하다고 생각한다. 그리고, 그런 존재가 나 자신이 된다면 그 얼마나 행복한 일이 될 것인가?

송라헬

중등교사의 초등학교 적응기
: 과학실에 온 걸 환영해!

나의
초등학교 적응기

나는 초등학교에서 근무하는 중등교사이다.

중학교에서 험난했던 2022학년도를 마무리 짓고 23년도는 나와 가정을 돌봐야겠다는 마음이 컸다. 그렇게 1학기를 보내고 어느 정도 마음도 아이들도 안정이 되어가자 다시 학교가 그리웠다. 교육청의 채용 공고를 하나하나 살펴보다 보니 초등학교 과학 교사 채용 공고가 눈에 들어왔다. 초등교사가 1순위이긴 하지만 초등교사가 지원하지 않았다면 어느 정도 해볼 만하단 생각이 들었다. 그리고 교육청 위탁 면접을 거쳐 현재의 학교에서 근무를 시작하게 되었다.

한 학년에 많으면 세 반인 우리 학교는 규모가 크지 않다. 그러다 보니 전담 교사가 가르쳐야 하는 학년이 많았다. 여러 학년을 걸쳐 수업하는 것이 참 힘들다고 생각했는데, 이곳에서 3학년부터 6학년까지 4개 학년을 맡게 되었다. 연구부장님을 통해 건네받은 나의 시간표는 주 21시수였다. 중등에서는 정말 많아야 20시수를 넘긴 적이 없었는데, 많아도 너무 많았다.

'아…. 수업을 잘 진행할 수 있을까?'하는 마음으로 학기를 시작하였다.

리밋이 풀려버린 나의 목소리 제어 버튼

중학생들과 달리 생기발랄한 아이들이 참 좋았다. 아이들이 재잘거리는 모습 또한 귀엽고 사랑스러웠다. 그러나 그 즐거움도 잠시, 아이들은 하나둘 자기 이야기를 꺼내기 시작했다. 너도나도 자기의 말을 들어달라며 쏟아내는 아이들의 소리에 정신이 혼미해졌다.

"얘들아, 이제 그만."

시간이 지나면서 교실은 점점 시끌벅적해졌고, 아이들의 이야기 홍수 속에서 수업을 진행하기 어려웠다. 수업 진행을 위해 조용히 하자는 말을 시작했다. 그러던 어느 날 나의 목소리는 나에게서 달아났다.

중등에서 근무할 때는 한 번도 목이 쉰 적이 없었는데, 초등학교에서 근무한 지 2주 만에 목소리가 나오지 않았다. 처음에는 당황했지만, 점차 목을 아끼며 수업을 진행해야 함을 깨달았다. 그렇게 몇 주가 지나고 나서야 나의 목소리는 조금씩 돌아왔다.

아이들의 집중력이 오래 가지 않았다. 수업 중간에 예상치 못한 질문을 던지거나, 본인이 필요하다고 생각되면 자리에서 일어나 움직이는 것이 자연스러웠다. 처음에는 이러한 행동이 당황스러웠지만, 초등학생들은 기본적인 학습 태도 또한 가르쳐야 한다는 걸 깨달았다.

"쉬는 시간에 선생님이랑 잠깐 이야기 좀 할까?"

수업을 방해하는 아이들을 쉬는 시간에 남겼다. 조용한 과학실에서 아이와 수업 이야기를 하며 아이를 도와주고 싶었다. 그런 나의 마음과 달리, 남겨진 아이는 이미 두 눈에 눈물을 그렁그렁 매달고 있었다.

학기 초, 남겨서 이야기를 나누려 했던 모든 아이가 울음을 터뜨리며 말을 잇지 못한다.

놀란 마음에 '내가 뭘 잘못했나?'

빠르게 나의 태도를 되돌아보았다. 뉴스에서 접했던 교사의 아동 학대 기사들이 불현듯 나의 머리를 스쳐 지나갔다.

'나 지금 아동 학대한 거야? 분명 아무것도 안 했는데.'

무엇이 아이들을 공포스럽게, 아니면 서럽게 만든 걸까? 우는 아이를 달래며 남긴 이유를 설명한 후 아이를 돌려보냈다. 남길 때마다 우는 아이들을 보며 '내가 무엇을 잘못하고 있나'라는 고민이 되었다. 그 답을 뜻밖에도 급식 시간에 깨닫게 되었다.

적응할수록 외로워지는 나

중학교에서 근무할 때 항상 교무실에서 생활했다. 원하든 원하지 않든, 동료 교사들과 자연스럽게 소통할 일이 많았다. 때로는 사람과의 관계가 피곤하게 느껴졌지만, 초등학교에 와보니 교무실 생활이 꼭 나쁜 것은 아니었다는 생각이 들었다.

초등학교는 중학교와 다르게 대부분의 선생님이 각자의 교실을 가지고 있다. 나 또한 과학실이라는 나의 아늑한 보금자리가 있었다. 학기 초엔 나만의 공간이 있어 너무 좋았지만, 어느 정도 학교생활에 적응할수록 점점 외로움을 느꼈다.

적적한 마음을 달랠 겸 복도로 나갔지만, 텅 빈 복도는 적막했다. '선생님들을 만나려면 어떻게 해야 하지?' 밖에서 들리는 문소리에 귀를 기울였다. 누군가 우연히 지나가길 바라면서.

급식 시간이 되어 같은 층 선생님을 기다렸다. 그분은 담임 교사라서 그런지 아이들을 챙기느라 바빠 보였다. 그 선생님을 뒤로하고, 다른 전담 선생님의 안내를 받아 급식실에 도착했다.

급식을 받고 같은 층 선생님을 기다렸다. 기다려도 선생님은 오지 않았다. '분명 급식을 받았는데, 어디에 가셨지?'라는 생각에 급식실을 둘러보았다. 그때 아이들과 함께 앉아 있는 선생님들이 눈에 보였다.

'아, 초등학교는 담임 선생님들이 아이들과 함께 밥을 먹는구나.'

중학교에서는 교사 테이블에 선생님들이 모여 함께 식사했기에 이 장면이 낯설었다.

"선생님 음료 뚜껑 따주세요."

입학한 지 얼마 되지 않은 1학년 아이들은 음료 뚜껑을 열지 못해 담임 선생님에게 도움을 요청했다.

병아리처럼 담임 선생님 옆에 서 있는 아이들이 귀여웠다. 정신없는 식사 시간이었지만, 담임 선생님들 대부분은 얼굴에 미소를 잃지 않았다. 그리고 아이들에게 한없이 따뜻했다.

그제야 알았다. 아이들을 지도할 때 **따뜻함**이 필요하다는 것을.

중등에서는 나는 나름 친절하고 다정한 교사였다. 하지만 초등학생들에겐 그 따뜻함이 충분하지 않았던 것 같다. 중학생들과 다르게 초등학생들은 더 많은 애정과 관심이 필요했고, 선생님과의 관계에서 안정감을 느껴야 했다.

그때부터 나도 변하기로 했다. 중등에서 태도를 조금 내려놓고, 가정에서 어린 자녀를 대하듯 아이들을 대해 보았다. 따뜻한 말 한마디, 부드러운 표정, 조금 더 인내심을 갖고 아이들의 이야기를 들어주기 시작했다. 그러자 신기하게도, 쉬는 시간에 남겨진 아이들이 더 이상 울지 않게 되었다.

"아하하하…"

생기발랄 아이들의 평가시간

정신없이 시간이 지나 평가시간이 돌아왔다. 초등은 내신 관리가 특별히 없어 수행 평가를 출제하고 채점하는 부담이 덜했다.

중학교에서는 수행 평가의 문제 유출 가능성 때문에 A, B형 시험지를 만들거나, 평가에 예민한 학교의 경우 5가지 유형의 시험지를 제작하기도 했다. 채점도 동료 교사와 유사 답안 인정 범위를 논의하고 함께 채점했다. 지필 평가 기간이 되면 모두가 예민해졌다. 시험 문제를 내느라 바빴고, 그림, 지문, 보기 등에 오류가 없는지 확인하고 또 확인하곤 했다. 문제없이 시험이 끝나야 비로소 긴장을 내려놓을 수 있었다.

초등은 중등과 달리 내신 부담이 없어서 수행 평가도 중등만큼 까다롭지 않았다. 그리고 지필 평가는 존재하지 않았다. 덕분에 마음의 부담이 훨씬 적었다.

내 마음을 아는 것인지, 아이들도 시험에 대한 부담이 적어 보였다. 수행 평가를 볼 때조차 아이들은 생기발랄했다. 시험 시간이 되었는데도 주변 친구들과 이야기를 나누었고, 평가 결과 확인 후 바로 재시험을 원하기도 했다.

이 생소한 광경을 어디선가 본 것 같았다. 바로 몇 년 전, 내가 가르쳤던 중학교 1학년 아이들이다. 중학교 첫 수행 평가에 임하며 어리둥절해하다가, 평가가 끝나자 당당히 재시험을 요청했던 아이들. 그제야 당시 아이들의 모습이 이해되었다.

아직도 초등학교 교사 패치는 진행 중이다. 서툴지만, 점점 적응해 가고 있다. 그리고 무엇보다, 이곳이 좋다.

과학경진대회
지도 교사 가이드

 2024년 개학 후 과학 관련 대회 공문이 도착했다. 여러 공문 중에 학생과학발명품경진대회, 자연관찰탐구대회, 창의력챔피언대회가 눈길을 끌었다. 초등학생도 참가할 수 있는 대회라 좋은 기회라고 느꼈다. 대회 안내를 하자 관심 있는 학생들이 찾아왔다. 아이들에게 대회 참가를 위해 지도 교사가 필요하다고 안내하였다.

 "선생님, 아무도 해주시지 않으신대요." 아이들은 난관에 부딪혔다. 지도 교사를 구하지 못했다. 학생과학발명품경진대회와 창의력챔피언대회는 지도 경험이 없는 대회였다. 경험도 정보도 없는 상황에서 선뜻 지도 교사를 하겠노라 답하지 못했다.

 "이거 나가도 선생님께 크게 도움 안 돼요.", "귀찮게 왜 하려 해요.", "굳이 할 필요가 있나?"

 맞다. 내게 필요한 경력도 업적도 아니다. 굳이 힘든 길을 갈 필요도 없다. 17년도에 이미 한 차례 대회 준비로 얼마나 피곤한지 충분히 알고 있다. 하지만 아이들의 열망을 꺾고 싶지 않았다. 지금 아니면 이 아이들이 언제 하겠느냐는 생각에, 그렇게 아이들의 지도 교사가 되었다.

학생과학발명품경진대회는 과학적 원리를 이용한 발명품을 만드는 대회이다. 4월 초 지역 예선을 거쳐 5월 말 경기도 본선, 8월 중순 전국 대회가 진행된다.

대회 안내 후 얼마 지나지 않아 지역 예선을 거쳐야 했다. 짧은 준비 기간이지만 아이는 자신의 몫을 잘 해냈다. 예선 심사 전까지 작품을 구체화하여 한 장의 요약서에 담아냈다. 그리고 아이디어를 현실화하여 작품을 만들어왔다.

1차 예선 발표가 있었다. 우리 학교 이름이 있다. 휴, 다행이다. 학생과학발명품경진대회는 처음이라 덩달아 긴장했는데 우선 됐다. 그렇게 평택시 2차 예선 합격자 명단에 이름을 올렸다.

이제는 경기도 본선 진출. 본선으로 진출하는 7명의 학생 중 초등학생은 2명뿐이다. 점점 욕심이 났다. 조금만 노력하면 더 좋은 성적을 받을 수 있겠다 싶었다. 그러나 예선과 달리 본선 요구 사항은 많았다. 15쪽 이내의 작품 설명서와 탐구 일지가 필요하다.

작품 설명서에는 기획 의도, 과학적 원리, 사전 기술 검사 단계 등이 포함된다. 과학적 원리를 어떻게 찾아야 하는지, 사전 기술은 또 어디서 확인해야 하는지 나도 모르는 것이 많았다. '나도 모르는 것을 아이보고 찾으라고 해야 하는 건가?' 여러 고민으로 머리가 복잡하던 때 본선 대회에 진출한 아이와 지도 교사를 대상으로 멘토링이 진행되었다.

학생과학발명품경진대회에서 보고자 하는 것은 그럴싸한 작품은 아니었다. 문제를 인식하고 문제 해결을 위한 고찰과 지속적인 도전을 중요시했다. 그렇기에 최종 작품이 나오기 전 시행착오를 거친 모든 작품이 의미가 있었다. 1차, 2차, 3차 작품. 그리고 이 작품을 만들기 위해 매일 같이 아이가 노력한 흔적을 탐구 일지에 담았다. 유사 발명품을 검색해 본 일, 관련 과학적 근거를 찾아본 일, 작품을 설계한 일 등 발명품을 위해 했던 모든 일들을 일기처럼 작성했다.

발명품 제작 과정이 학생의 수준을 넘어서는 경우가 있다. 따라서 학부모와 긴밀한 협의가 필요하다. 이를테면 아크릴판 절단이나 주물이 필요한 경우 교사 또는 학부모의 도움이 필수적이다.

작품 제작 시 제작 비용도 학생에게 부담이 될 수 있다. 경기도 본선 진출부터는 시 대표 자격으로 출전하게 되므로 재료비를 학교에서 지원해 줄 수 있다.

초등학생에게 한글 문서 작업이 쉽지 않았다. 따라서 문서 작업이 어려운 학생의 경우 우선 요약서나 설명서를 손으로 먼저 작성하게 하고 수정을 거친 후 문서 틀에 작업을 진행하는 것이 좋다. 또한 대회 설명서 작성 전, 키프리스나 포털을 이용해 작품과 유사성이 있는 제품이 있는지 확인해야 한다. 본선 결과 지도했던 아이는 우수상을 받게 되었다. 특상을 받아 전국대회의 출전을 꿈꿨지만 아쉽게도 우수상에 만족해야 했다. (물론 충분히 칭찬받아 마땅하다!)

창의력챔피언대회는 표현 과제(공지된 문제의 해결방법을 창작 공연으로 표현하는 과제), 즉석 과제(대회 현장에서 즉석에서 제시된 과제를 제공된 재료, 도구 등을 이용하여 순발력을 발휘하여 해결하는 과제), 제작 과제(과학원리를 이용한 구조물 등을 제작하는 과제)를 해결하는 대회이다. 학생과학발명품경진대회를 준비하는 동안, 창의력챔피언대회 지원자들도 과학실을 메웠다.

최대 6명이 한 조인 이 대회에 무려 3팀이 출전하겠다 했다. 과학실을 가득 채운 아이들은 저마다 대회를 준비하기 위해 이야기하고 때론 언성을 높이기도 했다.

창의력챔피언대회의 예선에서는 표현 과제와 즉석 과제를 해결해야 한다. 두 과제를 수행하기 위해 팀원들과의 소통이 제일 중요했다.

여러 명의 팀원이 모이다 보니 하나의 의견을 모으기가 쉽지 않았다. 학습 능력이 뛰어난 아이들의 독주로 원활한 의사소통이 진행되지 못한 경우도 있었다.

소통이 전혀 이루어지지 않은 팀의 경우 예선 대회에 나가지 못했고 소통에 문제가 있었지만, 끊임없이 노력했던 또 다른 팀은 대회 전날까지 대본을 수정하고 또 수정했다.

여러 팀을 동시에 지도하다 보니 적극적으로 아이들의 활동에 개입하기에 어려움이 있었다. 대본을 확인하며 방향성을 수정하기도 하였고, 즉석 과제 해결 능력을 기르기 위해 기출문제를 제한 시간 안에 해결하게 하기도 했다. 비록 아이들이 원하는 결과를 얻지는 못했지만, 오랜 기간 함께 시간을 보내고 같은 문제를 바라봐서인지 아이들의 결속력이 조금 더 생겼다.

인솔 교사. 아쉽게도 내가 지도하는 두 대회가 같은 날 같은 시간에 치러졌다.

몸이 두 개가 아니니, 둘 중 하나를 선택해야 했다.

학생과학발명품경진대회는 평택시의 대표로 출전하는 본선 대회이고 창의력챔피언대회는 예선 대회였다. 학생과학발명품경진대회의 두 차례 예선 대회를 함께하지 못한 미안한 마음에 이번엔 아이와 함께해주고 싶었다.

대회를 앞두고 대회 인솔 부분을 학부모님께 안내해 드렸다. 아이들이 스스로 대회 장소로 가야 했다. 창의력챔피언대회가 열리는 장소는 꽤 거리가 있는 곳이다. 이미 아이들을 통해 전해 들어서 알고 계셨지만, 교사의 입에서 학생 인솔과 차량 지원이 불가하다는 말이 나오자, 아쉬움을 전하신 부모님도 있었다.

대회 당일 아침 일찍 출발하여 장소에 도착했다. 초등 팀이라서 그런지 부모님들이 많이 오셨다. 세팅하는 부모님들과 작품에 문제가 있는지 이리저리 작품을 만지는 아이, 이른 시간 출발로 작품을 놓고 와 오열하는 아이 등 여러 모습이 보였다.

작품 세팅이 끝나고 아이들은 대기 장소로 갔다. 학부모와 인솔 교사도 대기 장소로 가야 하나?

아니다. 우린 건물 밖으로 나가란다.

계획에 없던 야외 기다림이 시작됐다. 하……. 미리 알아보고 올걸. 그랬으면 이 동네를 좀 찾아볼 텐데. 오랜 기다림 끝에 발표를 마친 아이가 밖으로 나왔다. 어떤 질문을 받았냐는 물음에 너무 떨어서 질문이 기억나지 않는다고 이야기했다.

아이와 헤어지고 얼마 뒤 창의력챔피언대회에 출전한 아이들에게 연락이 왔다. 원 없이 하고 싶은 것들을 다 했다고. 그렇게 아이들은 대회 전보다 조금 더 성장하였고, 나에게 조금 거창했던 지도 교사 타이틀도 내려놓을 수 있었다.

한 스푼 성장 레시피- 경기도학생과학발명품경진대회

경기도학생과학발명품경진대회는 단순한 결과물이 아닌, 학생의 탐구 과정을 중심으로 평가하는 대회다. 여기서 교사의 역할은 학생의 사고력, 문제해결력, 창의성을 끌어내고, 그것을 기록하고 표현하는 방법을 제시하는 것이다.

학생들이 일상에서 불편함을 발견하고, 그 해결 방법을 구상하도록 돕는 것이 첫걸음이다. 이후에는 글쓰기, 만화 그리기, 구성도 작성, 설계도와 모형 제작 등으로 아이디어를 구체화하며, 단계별로 생각을 시각화해 가는 과정이 중요하다. 가능하다면 전년도 겨울방학 동안 학생들이 작품을 준비하고 계획을 세울 수 있도록 미리 과제를 내주는 것도 하나의 전략이 될 수 있다.

지도 교사는 전체 과정을 설계하고 점검하는 조력자이다. 아이디어가 독창적이지만 실현 가능성이 떨어지는 경우, 실용성은 있지만 창의성이 부족한 경우 등 작품의 균형을 판단하고 피드백을 주는 역할이 필요하다. 실제 작품이 이미 시제품으로 나와 있거나 유사성이 있는지 KIPRIS(특허정보넷)나 특허 검색을 통해 확인해야 한다. 톡톡 튀는 작품명 선정을 통해 작품에 대한 기대감을 높이는 것도 필요하다.

학생이 작성하는 탐구일지는 평가의 핵심이므로, 탐구 내용이 꾸준히 기록되도록 정기적인 점검이 중요하다. 탐구일지에는 사전 기술 조사, 매일의 시행착오를 담은 기록, 발명품 제작을 위한 과학적 내용의 학습 등을 포함하면 좋다. 작품 제출 시에는 최종 완성된 결과물만 제출하기보다, 1차·2차 시제품 등 수정 과정을 보여주는 자료도 함께 제출하면 학생의 탐구 과정을 더 잘 드러낼 수 있다.

문서 작성. 작품 요약서, 설명서, 탐구일지, 발표 내용까지 모두 학생이 직접 작성하는 것이 좋다. 문장은 간결하고 명확해야 하며, 핵심이 잘 드러나야 한다. 사진, 도표, 그래프 등을 활용해 정보 전달력을 높일 수 있도록 지도해야 한다. 초등학생의 경우 주어진 15쪽의 보고서 양식에 맞춰 문서를 작성하는 것이 어려울 수 있으므로, 중간중간 교사가 확인해 주어야 한다.

발표 연습. 심사위원 앞에서 발표하는 순간은 그간의 과정을 드러내는 무대이다. 학생이 작품의 제작 동기, 탐구 과정, 사용법, 기대 효과 등을 논리적으로 설명할 수 있도록 질의응답 중심의 발표 리허설을 반복해 보는 것이 좋다. 또한, 초등학생만의 생기발랄함과 당당함이 발표에서 잘 드러날 수 있도록 자신감을 심어 주는 것도 중요하다.

전담시간, 과학

언박싱

이번 학기에는 뭐가 필요할까?

찬찬히 교과서를 훑어보고 과학실을 둘러본다. 매 학기 시작 전 한 학기 동안 필요한 실험 도구들을 열심히 장바구니에 담는다. 아이들과 실험을 많이 하고 싶은데 어떻게 하면 이것저것 많이 해볼 수 있을까 하는 마음에 이 쇼핑몰 저 쇼핑몰을 기웃거려 본다.

시간이 지나고 주문한 물건들이 하나둘 도착하기 시작했다. 처음엔 실험 재료 언박싱이 뭐라고 참 즐거웠다. 유*브 방송을 할까? 빈 과학 준비실 장을 채워가며 스스로 뿌듯해했다.

'딩동 물품이 도착했어요.'라는 문자를 받으면 바로 택배실로 짐을 가지러 번개처럼 달려갔다. 상자를 뜯으며 물품에 하자가 없기를 바라며, 수량과 상태를 확인한다. 그렇게 열심히 구매한 실험 재료로 또 새 학기를 꾸려갈 생각을 하니 설렜다.

학기가 시작됐다. 오늘도 나는 부지런히 실험을 준비한다. 3개 학년의 실험 준비로 과학실엔 바구니 탑이 쌓여있다. 그래도 바구니를 들고 교실로 가는 게 아니라 한결 수월하다. 이전 학교(중학교)에선 실험 도구를 카트에 넣어 탈탈탈탈······. 이 반, 저 반을 돌아다녔는데, 아이들이 과학실로 직접 오니, 이게 웬 횡재인가 싶다."

"독재자는 물러가라! 선생님은 독재자예요. 저희 혁명 일으킬 거예요."

사회 시간에 독재정권에 대해 배우고 온 6학년이 웃으며 이야기한다.

"그래? 근데 어떡하지? 쿠데타로 끝날 것 같은데."

그렇다. 나는 과학실에서만큼은 독재자이다.

과학실에서 아이들이 자리 배치에 대한 불만이 크다. 과학실 책상은 4명이 한 조를 이루어 서로 마주 보고 앉는 형태다. 주로 실험 수업을 많이 하다 보니 모둠 구성원이 중요하다. 안전사고의 가능성 때문에 제비뽑기로 자리를 배정하는 것이 부담스러웠다. 그래서 실험이 많이 진행되는 학기 초, 중에는 남녀의 성비(남자 2, 여자 2), 수업 태도 등을 고려하여 모둠을 구성한다.

그러다 보니 아이들은 복도, 화장실, 급식실, 길가 어디에서나 나를 볼 때마다 자리를 바꿔 달라며 "자리~ 자리~" 하며 따라다닌다. 마음 같아선 모두를 원하는 자리에 앉혀주고 싶단다…….

교실로 복귀. 수업을 마치고 나와 헤어지는 루틴이 있다.

내용 정리 확인 → 주변 정리 → 줄 서기

먼저, 수업 시간에 함께 정리한 내용이 교과서에 제대로 적혀 있는지 확인한다. 내용 정리가 안 된 경우, 모둠원들이 서로 도와 정리하도록 한다.

내용을 다 정리한 모둠부터 주변 정리를 시작한다. 교실과 달리 과학실은 잠깐 머물다 가는 곳이다. 그러다 보니 영역표시(?)를 한 채 떠나는 경우가 많다. 필기구, 마스크, 심지어는 코딱지까지…. 그래서 교실로 돌아가기 전 본인 주변을 정리하고 하도록 한다.

정돈이 끝난 모둠부터 뒤에 줄을 서도록 한다. 그렇게 아이들이 모두 줄을 서면, 인사 후 교실로 보낸다.

처음에는 아이들의 불만도 많았고, 나도 수고가 많았지만, 적응하고 나니 아이들도 수업에 집중하고 자기가 앉은 자리에 대한 책임감도 갖게 되었다.

한 스푼 성장 레시피- 전담 과학

1. 실험실 오리엔테이션

학기 초에는 실험실 안전교육을 위한 오리엔테이션을 진행한다.

- 안전장구 위치 안내 : 안전장구가 어디에 비치되어 있는지 알려준다. 실험복, 보안경 등 착용이 필요한 안전장구는 학생들이 직접 착용해 보도록 한다. 실험복은 아이들의 체격에 따라 사이즈가 다르므로, 학기 초에 본인의 실험복 사이즈를 확인해야 한다.

- 설비 시설 안내 : 학교마다 차이가 있지만, 보통 과학실에는 개수대가 3개 정도 있다. 개수대 사용이 원활하도록 실험 중 개수대 사용 규칙을 정하는 것이 좋다. 예를 들어, '1번 개수대는 1,2 모둠, 2번 개수대는 3,4 모둠이 같이 사용하기'와 같이 모둠을 배정하면 개수대를 좀 더 효율적으로 활용할 수 있다.

- 눈 세척기 사용법 교육: 사용 방법을 설명한 후, 지원자를 받아 눈

세척을 직접 사용해 보면 모든 아이들이 사용법을 확실히 알게 된다.

2. 모둠 구성하기

보통 과학실 책상은 네 명이 하나의 실험 테이블을 공유한다. 자리 배치 시 성별 비율, 학습 수준, 참여도를 고려하는 것이 중요하다. 모둠 구성에 따라 실험의 성공 여부와 실험 과정에 크게 영향을 주기 때문에 신중하게 배치해야 한다.

3. 도우미 정하기

정해진 수업 시간 내에 실험 준비부터 마무리까지 원활하게 진행하려면 수업을 돕는 도우미가 필요하다.

- **실험복 담당(학기 고정)**: 실험복을 친구들에게 나눠주고, 수업이 끝난 후 수거하는 역할을 한다. 실험복이 걸려 있는 옷장이 초등학생들에게는 높을 수 있으므로, 키가 큰 학생 중에서 지원을 받는 것이 좋다. 실험복 착용과 정리에 15분 정도 소요되므로, 시간을 고려해서 수업을 계획해야 한다. 또한, 실험복 반납 시 옷걸이에 거는 방법을 알

려주면 깔끔하게 관리할 수 있다.

- 실험 도우미(매주 변경): 실험 바구니를 배부하고 반납하는 역할을 한다. 과학실이 크지 않다면 아이들이 동선을 정해주어 안전하게 이동할 수 있도록 한다.

4. 과학사(과학 용품 전문점) 이용하기

과학사는 일반 인터넷 쇼핑몰보다 가격이 조금 높을 수 있지만, 살아 있는 생물을 원하는 날짜에 맞춰 받을 수 있다는 점이 큰 장점이다. 지역 과학사를 이용하면 실험 재료를 빠르게 전달받을 수 있어 편리하다.

5. 나만의 바구니 만들기

실험 수업을 위해 교사용 바구니와 모둠별 바구니를 준비한다.

- 모둠별 실험 바구니: 미리 배부해도 괜찮은 실험 도구를 담아 둔다.

- **교사용 바구니**: 여분의 소모품과 교사가 직접 제공해야 하는 실험 재료를 담아 둔다. 소모성 실험 재료는 실험 전에 1회 실험에 필요한 양만큼 미리 소분하여 정리해 두면, 다음 학급이 사용할 때 실험 바구니에 소모품만 추가하면 되어 편리하다.

조은해

신규 교사의 생존 비결
: 배우고, 도전하고, 성장하기

다시 만난 업무는
또 새롭다

나의 첫 발령, 첫 업무는 '학생 자치'였다. 우리 학교는 6개월이 된 신설 학교였기 때문에 나는 오자마자 전교 회장 선거를 진행하게 되었다. 다른 학교의 학급 임원 선거와 전교 임원 선거 계획을 참고하여 처음으로 계획서를 올렸다. 신설교라 투표함과 투표소가 없어 교감 선생님의 차량 도움이 없었다면 난감했을 날도 있었다. 관례대로 매달 임원들을 모아 회의했고, 학부모회에서 주최하는 캠페인에 학생들이 적극적으로 참여할 수 있도록 안내하는 다리가 되었다. 그게 내 일상이었다. 학기가 끝나면 쫑파티로 간식을 사고, 자치회실에 없는 물품을 채우고, 종종 숨바꼭질하는 임원 학생들을 찾아다니는 것 또한 학생 자치 업무에 포함되었다.

그렇게 어영부영 첫 업무에 적응하는 동안 1년이 흘렀다. 이게 내가 원했던 학생 자치회의 모습인가? 이런 현실에서 내가 뭘 더 어떻게 할 수 있을까? 여러 의문 속에서 첫 업무에 대한 아쉬움이

커졌다. 관리자로부터 '학생자치회, 올해 좀 아쉬웠어. 어려운 일이 아닌데 크게 한 것이 없지.'라는 이야기를 들었다. (신규인 나를 높이 평가하셨기에 기대했던 자치회에 대한 아쉽고 안타까운 마음이 충분히 이해되는 이야기였다). 그 순간 아침 시간, 수업 중, 점심 중, 방과후 고학년 학생들을 찾으러 뛰어다녔던 내 모습이 스쳐 지나갔다. 자치회 학생들을 관리하다 첫해 맡은 1학년 우리 반 학생들이 나를 찾으며 울면서 달려올 때가 종종 있었다. 그 무기력함이 더 무겁게 느껴졌다. 섭섭함, 속상함, 그리고 그 끝은 기백이었던 것 같다. 다음 해는 더 잘해보리라.

그렇게 업무 분장 1지망으로 학생 자치를 써서 제출했고, 역시나 아무도 지원하지 않아 자연스럽게 나의 업무로 돌아오게 되었다. 나의 학생자치회 업무 2년 차가 시작했다.

레벨 1, 목표 세우기

업무 2년 차 선생님들은 1년의 루틴이 만들어지니, 여유가 있을 때 새로운 도전을 계획한다고 들었다. 다만 학생자치회 업무 특성상 1년 내내 일해서 여유가 있을 때는 없다. 3월과 9월의 학급 임원 선거, 12월의 전교 임원 선거 외에는 벌이는 대로 족족 앞으로 관습이 될 수 있다는 특수성을 고려해야 한다. 그래서 1년 차 때를 돌아보며 우선순위를 세우고 그 안에서 세부적인 업무를 계획해야 함을 느꼈다. 내가 생각한 학생자치회의 1순위 중요성은 전교 임원 공약을 실현하기, 2순위는 교사-학생, 학생-학생 간의 소통, 3순위가 행사 및 캠페인이었다. 업무 2년 차에는 전교 임원 공약 실현을 우선 목표로 방향을 잡으니, 이제야 1년의 큰 그림이 보이기 시작했다.

레벨 2, 의미 있는 활동으로의 변화

학생들과 매달 만나 자치 회의를 하며 늘 들었던 이야기는 '선생님, 약속을 열심히 만들어서 게시판에도 붙이고 반마다 붙이는데 애들이 안 지켜요'였다. 물론, 학급에서도 선생님께서 여러 번 말해도 학생들은 바로 바뀌지 않음을 알고 있다. 다만 매번 시간을 내서 열심히 회의한 결과물에 대해 전교 학생들이 즉각적으로 수용하지 않는 것 같아 자치회 임원들도 힘이 빠지는 모습이 보였다. 어느 순간 회의에서도 '근데 이거……. 어차피 안 지킬 것 같은데?'

라는 이야기가 나왔다. 나 또한 교사로서 어느 정도 개입해야 할지 딜레마가 생겼다. 겨울 방학 동안 내가 잘하는 것과 재밌어하는 것, 학생들에게도 의미 있을 활동으로 남기 위해 고민을 거듭했다. 그리고 나온 나의 아이디어는 '유튜브'로 소통하기였다. 열심히 회의한 결과를 매달 각 학년의 회장 부회장이 돌아가며 촬영했다. 사실 대본 작성, 촬영, 편집 모두 학생들에게 생소한 일이기에 처음에는 거의 교사가 도맡아서 한다고 봐야 한다.

그렇게 나온 첫 영상! 당시 맡고 있던 쇼츠 자율동아리 학생들과 학교 소개 영상을 찍어 입학생들에게 학교 유튜브에 대한 존재를 알렸다. 이어 자치회 학생들이 반갑게 인사하며 이번 달 생활 약속에 대해서 안내했다. 교실에서도 크게 들을 수 있게 음량도 조정하고, 뒷자리 학생들도 볼 수 있게 자막도 크게 달았다.

선생님들과 학생들의 반응이 꽤 좋았다. 특히, 작년에 저학년을 맡으며 '아……. 반복해서 말해주고 알려주는 영상이 있었으면 좋겠다.'는 요구를 반영하고자 했다. '글'만 있는 생활 약속 포스터보다 선생님들께 조금이나마 도움이 된다는 이야기도 들을 수 있었다.

그리고 전교 임원들의 얼굴을 선생님들과 학생들이 확인함으로

써 친밀해지는 동시에 임원들 스스로 모범적인 행동을 해야 한다는 부담감을 느끼는 듯했다. 매달 출연하는 학년이 달라지니 고학년으로 갈수록 유튜브에 나온 친구가 반갑고 재밌어서 더 집중한다고 들었다.

좀 더 욕심이 났다. 매달 계기교육, 혹은 학교 OO주간(친구사랑 주간, 학교폭력 예방 주간 등)을 녹여 하나의 교육자료로 사용될 수 있도록 만들고 싶어 애썼다. 그렇게 12월 영상을 마지막으로 올렸다. 이 활동들이 꽤 손이 가는 귀찮은 일이었던 건 분명하다. 그러나 루틴이 되면서 유튜브 재생목록에 영상이 차곡차곡 쌓여갔다. 그것은 내가 다음 일을 추진할 때 확실한 동력이 되었다.

레벨 3, 자치회 주관 첫 캠페인 열기

업무 1년 차에는 감사하게도 정말 열정적이신 학부모회를 만나 협업 캠페인을 했다. 또, 영양 선생님의 좋은 아이디어로 학생자치회 학생들이 캠페인에서 안전질서를 담당했다. 2년 차, 똑 부러지는 전교 회장과 부회장을 만났고 일을 참 잘하는 전교 임원들을 만나 조금 욕심이 생겼다. 자치회에서 주관하는 첫 캠페인을 슬슬 진행해도 되겠다는 신호탄이었다.

'의미 있는 활동'에 대해 고민하며, 다른 학교에서 하는 '친구 사랑의 날', '학교폭력 예방 캠페인'이 어떻게 이루어지는지 살펴봤다. 캠페인에서는 보통 구호를 외치고, 관련된 문구가 새겨진 판촉물 학용품 혹은 간식 나눔, 또는 편지 주고받기를 흔히 생각하게 된다. 나 역시도 그랬기에, 생각의 틀을 깨면서도 학생들이 즐거워할 수 있으면서 '의미 있는' 교육 활동으로 만들려고 부단히 고민했다.

'학교폭력 멈춰! 장난도 폭력이 될 수 있어요!' 등교하는 학생들은 구호를 들으며 학교로 들어가고, 자치회 학생들은 아침시간에 나와서 열심히 구호를 외친다. 하지만 그 반대가 맞지 않은가? 그래서 구호를 '들으며' 등교하는 학생들이 참여자가 되어 '말하게' 하는 것을 목표로 두었다. 그러니 다음에 드는 생각은 '어떻게 하면 학생들이 참여할 수밖에 없도록 만들지?'였다. '게임처럼 재밌으면 얼마나 좋을까'라는 생각과 함께 첫해 제자가 그렇게도 좋아했던 포켓몬이 생각났다. 포켓몬에서 착안하여 〈피켓몬을 찾아라! 학교폭력 예방 캠페인〉을 첫 캠페인으로 열게 되었다.

포켓몬 볼로 피켓을 가린 채 피켓을 들고 다니는 임원(피켓몬)을 발견하면, 구호를 외칠 기회를 얻는다. 캠페인에 참여한 학생들은 학교폭력 예방 위원 자격도 얻고 간식도 받는다. 피켓몬이 될 임원 학생들에게는 시간대별로 출몰 장소를 안내했다. 이로써 학년을 무관하고 학교 곳곳에서 학교폭력 예방 구호를 외치는 학생들을 볼 수 있게 되었다. 학교폭력 예방 위원 학생들의 구호 외치는 영상은 또 편집되어 2학기 '학교폭력 예방 주간'에 캠페인 영상으로 다시 내보낼 수 있었다. 나의 첫 캠페인을 주관하며, 관리자로부터 첫 칭찬을 받게 된다. '선생님, 아이디어가 좋네요. 학생들이 참 좋아하겠어요.' 그리고 이 칭찬이 첫해 자치회 업무에 대한 평가와 교차하며 심장이 뛰기 시작했다.

파이널 레벨, 없으면 만들죠!

그 이후 2학기 한글날 캠페인 행사에서 '뻥튀기 한글 자음/모음 만들기 부스', '한글 페이스페인팅 부스', '학교 마스코트 만화로 알아보는 순우리말 퀴즈 부스', '세종대왕님과 사진 부스', '바르고 고운 말로 바꾸기 캠페인 부스' 마지막으로 '도전 골든벨-한글날 편', '세종대왕님과 약과와 식혜 타임'을 진행했다. 부스와 포스터 처음부터 끝까지 내 손으로 만들어 애정이 갔다. 체감상 서울에서 대규모 팝업 행사를 여는 것 같았다. 그런 선생님의 마음을 인정해 주듯 학생들의 오픈 런을 처음으로 봤다. 아직도 그 사진을 볼 때마다 뿌듯함을 느낀다.

행사는 이제 끝난 줄 알았는데 요청이 또 들어왔다. 그래서 교통안전 캠페인 행사로 '안전 키링 만들기'와' 안전 지우개로 숨은 '교통안전 구호 찾기'를 진행했다.

그동안 이러한 활동을 하지 않았기에 재료와 예산이 부족했다. 한글날 행사를 준비하며 세종대왕님 포토존은 우드록을 사고, 플로터로 세종대왕님을 출력해 직접 만들었다. 그 외에도 없는 것들은 싹 다 만들고 0에서 시작했다. '없는 행사, 없으면 만들죠. 없는 돈, 없으면 있는 재료로 만들죠.'와 같은 마음으로 남아서도 캠페인을 준비했다. 학생들이 숨겨진 교육 의도대로 행동하고, 즐거워하는 모습을 보며 교사로서 큰 뿌듯함을 느꼈다. 이 순간들이 피로 속에서도 나를 버티게 해주었다.

마지막엔 전교 임원 선거를 준비하며, '아니, 이렇게 중요한 전교 임원 선거를 두고 왜 교육자료가 부족하지?'라는 생각이 들어 더욱 힘써서 만들고 인디스쿨에 게시하기도 했다. '없으면 만들 죠.'라는 생각은 패기 그 자체며, 누군가는 오만하다고, 혹은 고생을 사서 한다고 했다. 하지만 되돌아봤을 때, 학생들은 즐거워했고, 임원 학생들은 무언가를 했다는 뿌듯함을 느꼈고, 자료가 필요한 누군가에게는 도움이 되었음을 알 수 있었다.

그래서 나는 '일을 벌일 수 있을 만큼 벌여보세요!'라고 말하고 싶다. 무모함이 과정 중에서는 '스스로 불러온 재앙'으로 보이지만, 끝나고 나면 그만한 성취감을 내가 또 느낄 수 있을까 생각하게 한다.

한 스푼 성장 레시피- 자치회를 맡은 신규교사에게

1. 전교 임원의 공약 꼼꼼하게 살피기

앞선 내용처럼 자치회의 1년 활동과 캠페인 자치회 담당교사로서의 업무는 전교 임원의 공약에 좌지우지된다고 볼 수 있다. 입후보자 교육할 때 꼭 실현 가능한 공약이 무엇이 있는지 예를 들어 설명해주는 것이 중요하다. 과거의 공약 중 불발된 것들을 예로 드는 것도 큰 도움이 된다. 이 과정이 없으면 학생들은 학교의 형편을 모르니 계속 무리한 공약을 가져오고, 왜 실현이 어려운지 관리자와의 소통을 통해 정리해서 학생들에게 전달하고 또 새로운 공약을 받고, 그러다 당선이 되면 일 년은 해당 공약을 실현하기 위해 큰 부담이 생기게 된다. 꼭 전교 임원의 공약을 꼼꼼하게 살피고 입후보자 방송 연설까지 긴장을 놓지 않는 것이 중요하다.

2. 관리자와의 소통은 필수

학생자치회를 맡았다면 아마 학생 동아리, 학생 봉사 등 학생과 관련된 업무도 함께 받을 확률이 높다. '학생~'으로 시작하는 공문이 학기 초에 쏟아지기 때문에 공문 확인은 필수이다. 업무 담당자가 봤을 때, '아무도 안 할 것 같은데?'하는 공문에 대해서도 관리자에게 먼저 이것을 패스할지 그래도 조사를 해야 할지 소통할 필요가 있다. 필자는 아무도 안할 것 같아 넘긴 홍보 공문에 대해 교육청에서 참가자를 다시 조사해달라는 전화를 받아 관리자와의 난감한 일이 생길 뻔했다. '해야 할까, 말까'가 고민이 될 때 신규선생님이라면 꼭 관리자에게 문의를 하고 학생자치회에 대한 관리자의 성향을 파악하는 3월을 보내길 권한다.

3. 임원 학생의 성취감 북돋아주기

학급 수가 많을수록 다양한 활동을 진행하는 임원 학생들에게 전달할 안내사항이 많아 단체 메시지방이나 SNS 활용을 할 수밖에 없다. 나는 단체 톡방을 활용해 매번 활동 때마다 고마운 것, 수고한 것, 칭찬할 것에 대해 늘 피드백을 남겼다. 그냥 넘기는 것 같아 보여도 학생들은 다 기억하고, 학교에서 임원들에 대해 어떻게 생각하고 있는지에 대한 인식이 생긴다.

간식이나 상품 전달, 수여와 같은 중요한 임무는 학생들에게 맡겼다. 보통은 '애들이 어떻게 관리해.'라고 하지만, 학생들은 직접 포장하거나 당첨을 축하해주며 상품을 전달하는 역할에 대해 관심이 많다. 그리고 그걸 받는 학생들의 반응을 지켜보며 자신이 한 캠페인 활동과 봉사 활동에 대해 뿌듯함을 느낀다. 특히 친구들에게 상품이나 간식을 주는 모습을 보면 어깨가 으쓱해서 평소보다 들떠있는 것도 알 수 있다. 임원 학생들에게 중요한 임무를 믿고 맡길 때 성취감이 자란다.

몸치 선생님,
치어리딩 무대에 서다

교사 치어리딩 동아리에 들어가다

 1년 차 겨울 방학, 슬슬 적응이 되는 시기. 새 학기 교실을 정리한 후 자리에 앉아 올해는 무엇을 도전해볼지 생각하며 인디스쿨에 접속했다. 그러다 잠깐, 내 눈을 사로잡는 단어가 있었는데 그건 바로 '평택 치어리딩'이었다. 내가 사는 지역에서 활동할 뿐만 아니라 내가 꼭 하고 싶었던 치어리딩을 누군가 운영해준다니!

 '럭키!' 환호성을 지르며 곧바로 입단 서식에 맞춰 문자를 보냈다. 그렇게 평택-안성 열다섯 분의 신규 선생님과 함께 치어리딩 동아리를 시작했다.

왜 치어리딩?

 치어리딩을 한다고 했을 때, 주위에서 자주 물어보았던 질문은 다음과 같았다. '원래 춤을 좀 췄어요?', '대학교 때 치어리딩 단원이었나요?', '체력이 진짜 좋은가 봐요. 그거 되게 힘들다던데.' 등등…….

내 대답은 모두 '아니오'였다. 원체 각목이기에 초등학교 이후로는 춤을 장기자랑으로 무대에 선 적이 없으며, 대학교 때는 정적인 오케스트라를 했다. 1년 차는 매년 감기를 달고 살았기에 내 설명을 들은 주위 사람들은 더 의아해하면서도 '원래 저런 사람이었지' 하며 이해하는 듯 보였다.

치어리딩을 시작한 이유는 단순 낭만이었다. 대학교 때 무대에서 본 빛나는 단원복과 벅찬 응원곡, 힘찬 안무와 반짝이는 눈빛과 땀이 아른거렸다. 그해 장만한 비싼 바이올린으로 오케스트라를 택하며 자연스레 포기한 나의 낭만은, 돌고 돌아 만난 첫사랑 같아 두근거렸다.

치어리딩에 대한 오해

치어리딩을 하면 춤을 잘 춰야 하나요?

전혀 다른 장르라고 생각합니다. 저는 유연성 제로, 웨이브 제로, 프리스타일 특기는 엉덩이춤입니다. 그런 제가 처음에 '깔끔하게 안무를 소화한다'는 단장님의 칭찬을 받았습니다. 치어리딩은 오히려 '근력, 유산소' 같은 힘의 영역과 가깝습니다. 손끝까지 빳빳하게 힘을 줄 수 있는지, 머리 꺾기를 절도 있게 할 수 있는지, 계속 뛰어도 웃음을 잃지 않는지를 중요하게 봅니다.

그러면 기초체력이 없는 사람은 못 하겠네요?

아마 첫날은 앓아누울 거고 다음 주는 승모근부터 팔이 뻐근할 것입니다. 매번 연습할 때마다 느끼는 도파민으로 다음 연습에 나오게 되면 어느새 기초 체력이 늘어난 스스로를 발견할 수 있습니다. 아, 물론 안무 숙지를 위해 일주일 중 3번 이상은 카메라를 틀고 개별 연습을 했었는데 이 역시도 기초 체력 향상에 큰 도움이 되었습니다.

치어리딩을 하면 하늘 위로 던져지고 착지도 할 수 있어야 하나요?

치어리딩 장르는 다양합니다. 온몸을 사용하여 안무를 표현하는 액션 치어리딩, 팜을 손에 쥐고 하는 팜치어리딩, 그리고 던지고 올라가는 등의 스턴트 치어리딩이 있습니다. 가볍다고 칭찬(?)을 받은 저는 스턴트 치어리딩에서 플라이어(올라가는 역할)을 했다가 너무 무서워서 내려왔습니다. 그 역할은 용기 있고, 가볍고, 기술이 있는 누군가가 잘하니 걱정하지 마세요.

첫 공연, 연습과 부상

사실 치어리딩에서 부상을 떼고 말하기는 어렵다. 예를 들어 목을 위로 꺾는 안무에서 목이 뻐근하기도 한다. 또, 점프해서 착지하는 안무에서는 무릎에 멍이 들고, 풍차 돌리기 안무에서는 허리가 삐끗하기도 한다.

첫 공연은 '경인교육대학교 교사 무용대회'로 정해졌다. 들뜬 마음으로 열심히 연습하여 오디션에 통과한 최종 10인에 들어가게 되었다. 그런데 함께 한 선생님으로부터 청천벽력과 같은 소식을 들었다. 연습 중 목 디스크가 나가 일상생활 중에서도 주의해야 한다는 것이었다. 다들 열정과 패기로 모였는데 동료 선생님의 부상 소식을 들으니 번뜩 정신이 차려지며 주춤한 때였다.

이때를 기점으로 '아이들에게 치어리딩을 도입할 때도 준비 운동과 마무리 운동을 꼭 하고, 늘 안전 지도를 해야지'라는 깨달음을 얻었다.

무대에 서다!

"말도 안 돼 고개 저어도 내 안에 나 나를 보고 속삭여

세상은 꿈꾸는 자의 것이라고 용기를 내 넌 할 수 있어"

〈코요태-우리의 꿈〉

경인교대 무용 경연대회뿐만 아니라 이천 도자비엔날레 공연, 청년의 날 지역 공연은 2024년도에 내가 섰던 무대다. 또 2025년에는 경기도 신규교사 연수, 평택 지역 축제에도 초청 받았다. 연이은 공연 준비로 함께 연습하고, 성취의 기쁨과 성장의 칭찬을 나누는 그 모든 과정이 너무 값지다고 생각한다. 우리가 무대를 설 수 있음에 감사함뿐이었다. 연습할 공간이 없을 때는 밤에 반주하시는 할아버지들이 계시는 공원에서 연습하고 박수갈채를 받기도 했다. 관중의 두려움을 떨치고자 아이들과 학부모님께서 자주 가는 근처 공원에서 아찔한 마음과 함께 버스킹 공연을 한 날도 있었다.

그럼에도 무대 뒤에서 "파이팅! 실수해도 아닌 척 웃으면서!!"라고 서로를 격려하는 단원들이 있다. 조명과 햇빛 아래 당당한 포

즈와 머리부터 발끝까지 떨리는 서로의 미소를 마주할 때마다 가슴이 벅찬다. 단순히 예쁜 단복을 입고 무대에 서고 싶었던 낭만이 이제는 내 인생을 치얼업하는 생산적인 낭만이 되어 매 순간순간이 행복했다. 그리고 나를 봐주러 온 사람들에게 그 에너지를 전할 수 있음에 참 감사한 시간이었다.

교실 속 치어리딩

짬이 날 때마다 안무를 연습했기도 하고, 학생들에게 선생님의 멋진 공연 영상을 보여주며 올해 우리 반에는 자연스럽게 치어리딩 열풍이 불었다. 어쩌다 단복을 들고 온 날에는 학생들이 줄서서 나의 단복을 입고 인증사진을 찍기도 했다. 우리 반 신청곡이나 학생들이 주로 부르는 노래는 '질풍가도'였다. 아이들에게도 나의 삶의 동력이 되는 치어리딩을 가르쳐 주고 싶지만, 솔직히 걱정도 많이 되었다.

처음 기초 동작 연습 시간에 '왜 해요?'라고 말하는 반대파가 있었다. 귀엽게도 멋있는 파도타기를 보며 마음이 혹하는 것을 볼 수 있었다. 더 나아가 쉬는 시간에 복도에서 연습하는 친구들을 지켜보며 안무를 눈에 익히기도 했다. 짧은 시간이었지만 학생들은 저마다의 방식으로 안무를 소화하고 해석해서 표현했다. 사실 군무에 있어서는 각이 생명이지만 안무 창작이 늦어지며 그런 것까지 신경쓸 겨를은 없었다. 11월 버스킹을 목표로 교실에서 연습하고, 다들 단장(센터)을 목표로 오디션을 준비했다.

반짝반짝 빛났던 버스킹

안무 숙지가 늦거나 의욕이 낮은 학생들은 설렁설렁 추기도 했지만, 또래 관계가 중요한 4학년인지라 친구가 하면 남학생들도 남아서 연습하기도 했다.

그리고 "버스킹 참여 안 해요. 보는 것도 싫어요."라고 말한 남학생도 연습할 때는 어쨌든 앉아서 하는 공부가 아니라 신나게 참여했다. 오지 않겠다던 버스킹 공연에는 제일 먼저 와서, 중앙에 앉아 마치 심사위원처럼 매의 눈으로 보고 응원하기까지 했다.

우리는 다 같이 하얀 티를 맞춰 입기로 했다. 학생들은 혹시 몰라 챙겨간 선생님의 여벌 옷을 입으며 만나는 친구들에게 뽐내기도 했다. 미소를 유지하며 그동안 연습한 무대를 선보인 학생들은 묘하게 들떠있었다. 그날 학교 선생님들께서는 '오늘의 하이라이트였습니다.', '아이들이 반짝반짝 빛났다고 이야기 했어요.', '이걸 못 본 친구들은 너무 아쉬웠을 것 같다.' 등 행복한 칭찬을 나눠 주셨다.

나의 치어리딩과 아이들의 치어리딩에는 저마다의 '꿈'이 있었다. 치어리딩처럼 나를 꿈꾸게 하는 것, 스스로를 격려하는 마법의 주문이 아이들과 나의 미래 곳곳에 있길 소망한다.

한 스푼 성장 레시피- 내 관심 분야를 잘 살릴 수 있는 방법

1. 연구회 만들기

2024년도에는 신규교사가 만들어 동아리로만 활동을 했었다. 더 넓은 장소 지원이 필요하고, 매주 규칙적으로 사용할 수 있는 우리의 모임 공간이 필요했다. 이왕이면 시도교육청의 예산과 지원을 함께 받으면 좋겠다는 의견이 모아져 올해 연구회를 신청했다. 감사하게도 경기도치어리딩연구회로 선정되어 가까운 학교에서 모일 수 있게 되었다. 경기도 연구회가 되며 규모가 커져 중등 선생님들도 오셨다. 학교의 지원뿐만 아니라 새로운 선생님들도 뵙고 정보를 공유할 수 있어서 연구회 만들기는 추천한다.

2. 학교 스포츠 클럽 운영

요즘 경기도에서는 여학생 스포츠클럽과 체조를 밀어주는 모습을 보인다. 이 흐름에 탑승하여 2025년도에 학교에서 치어리딩으로 여학생 방과후 스포츠클럽을 운영할 수 있게 되었다. 담임이기에 방과후 시간으로 운영했지만 전담 선생님일 경우 오전 시간 운영에 자유롭다. 40분 수업으로 시간 당 수당도 받을 수 있다. 치어리딩 스포츠클럽의 경우 나중에 학생들과 대회도 나갈 수 있다. 체육 활동에 관심이 있거나 이미 하고 있는 체육 동호회 등이 있다면 꼭 주위 선생님, 문화예술 부장님, 교감 선생님께 이야기하고 선생님의 장점을 어필하여 스포츠클럽 운영 기회를 받길 바란다.

3. 공유학교 운영

경기도 공유학교에 대해 들어보았는가? 토요일마다 학생들이 학교 정규 교육과정으로 듣기 어려운 수업을 스스로 선택해 참여할 수 있고, 이에 따라 다양한 학군의 학생들이 한 학교에 모여 함께 수업을 듣는 형태로 운영된다. 나는 2025년도에 평택시에서 운영하는 치어리딩 공유학교로 선발이 되었다. 친한 선생님과 주강사와 보조강사를 번갈아가며 진행하기로 했다. 이 역시 학생 치어리딩 활동에 대한 지원비뿐만 아니라 강사비용도 함께 제공받을 수 있다. 내가 좋아하는 것, 잘하는 것으로 돈도 벌 수 있다니! 이

글을 보시는 신규 선생님들께서도 좋아하고 관심 있는 것을 꼭 찾아 그것을 즐기며 그 규모를 넓혀가길 추천한다. 자세한 내용은 인스타그램(@haebojago.ssaem)에 담겨 있으니 꼭 필요한 정보들을 잘 챙겨가길 기대한다.

유명한 ○○이 되고 싶어요

나는 이 책을 보시는 선생님들의 인생 목표가 너무 궁금하다. 그리고 이 글을 읽으시는 선생님들 역시 나의 글을 읽으며, '대체 어떤 삶을 살고 싶은 걸까?'하는 궁금증이 자연스럽게 들 것 같다.

'호랑이는 살아서 가죽을 남기고, 사람은 이름을 남긴다'와 '텔레비전에 내가 나왔으면 정말 좋겠네'는 내가 가장 좋아하는 문구이다. 그래서 어렸을 때부터 축제가 있다고만 하면 MC의 "지금 무대로 나오시는 분께 경품을 드립니다!"에서 항시 나오는 사람 1의 역할을 맡았다. 내 이름을 내건 유명한 한 사람, 선생님이 된 지금은 가능하다면 유명한 선생님이 되고 싶었다.

유명한 선생님이 되고자 용기를 낸 도전기 중 '하이러닝 공개수업' 도전기를 풀어보고자 한다.

2024년도 5~6월쯤 경기도교육청에서 '하이러닝'이라는 쌍방향 교수학습 플랫폼을 만들었고, 이를 평택시교육지원청에서 적극적으로 추진하기 시작했다. 당시 나는 평택 네트워크 연구회에 속해 있으며 '하이러닝'에 자연스럽게 관심을 두게 되었다. 그리고 당시 담당 장학사님으로부터 하이러닝 수업 공개 신청 안내 메시지를 받았다. 이제 1년이 지난 신규에게 있어서 수업 공개에 대한 부담은 크지 않았다. 수업 연구 대회에도 많은 관심이 있었기에 메시지를 보자마자 궁금한 점이 생겼다. 나의 호기심은 자연스럽게 장학사님의 메시지 회신으로 이어졌고, '신규도 괜찮은지, 정규 수업 중 수업 공개인지, 현장 수업인지, 녹화 수업인지' 등 수업 공개에 관해 평소 관심 있었던 것들을 질문했다. 그것은 곧 장학사님의 입장에서 수업 공개에 대한 긍정적인 검토와 신청으로 다가왔던 것 같다. 내 이름은 수업 공개 대상자에 들어가 교감 선생님께 바로 전달이 되었다. 그러나 나는 아직 하이러닝을 활용해보지 않았기에 현장 1차 회의 때 솔직하게 말씀드렸다.

다행히 2학기에 진행해도 된다는 이야기를 듣고, '그래, 이번 1학기는 하이러닝으로 학생들과 수업하며 무엇이 좋은지 직접 느끼고 선생님들께 수업 공개로 도움을 드려야지.'라는 포부를 가졌다. 7월에 계획된 다른 선생님의 하이러닝 수업 공개도 참석하고,

감사하게도 하이러닝 수업에 차차 적응하는 학생들과 우리만의 하이러닝 활용 수업을 쌓아갈 수 있는 시간이었다. 약속된 2학기가 찾아왔고, 바로 수업 공개 신청을 했다.

이 당시만 해도 학생들과 줄곧 하이러닝 수업을 진행했으니 어렵지만은 않겠다고 생각했다. 또한, 학생들이 좋아하는 에듀테크인 '투닝(만화 만들기)'을 활용하면 재밌는 수업을 보여드릴 수 있을 것 같았다. '수업 공개란 평소의 하이러닝 활용 모습을 보여주는 것'이라고 생각하며 스스로 크게 부담을 갖지 않고자 노력했다.

그러다 준비 중반쯤, 그러니까 수업 공개 2주 전 장학사님으로부터 전화 한 통을 받게 되었다. "선생님, 준비 잘하고 계셔요? 준비가 잘 되셨어야 할 텐데······. 평택시 교육장님께서 선생님 수업을 참관하실 것 같아서요. 괜찮으신가요?"의 내용이었다.

MZ의 3요를 알고 있는가? 교육장님의 참관으로 학교 선생님들께서 더 그 무게를 느끼게 되실 것을 생각하니 너무 당황스러워서 나도 모르게, "제가요(제가 교육장님께 공개수업을요)? 그걸요(제 수업 참관을요)? 왜요(왜 같은 날 수업이 잡힌 더 유능하신 선생님께 가시지 않고요)?"가 나왔다.

사정을 들어보니 우리 학교는 위치가 좋아 많은 선생님께서 수업 참관을 신청하셨으며, 교육장님께서도 움직이기 가까운 거리라는 것이었다. 곧바로 교감 선생님과 연구부장님께 이 소식을 말씀드렸는데, 당황했던 나를 되레 다독여주시며 공개수업 전반에 대해 꼼꼼히 도와주셨다.

공개수업을 준비하며 느꼈던 것이 두 가지가 있다. **먼저는 동료 선생님과 학교 구성원의 도움 없이는 너무너무 어려웠을 것이고, 다음으로는 '학생들이 내 수업을 통해 성취기준에 도달하는 과정을 보여주는 수업 공개 vs 실제적인 하이러닝 활용을 위해 그 기능을 다양하게 보여드리는 수업 공개'의 딜레마였다.** 이러한 어려움이 있었지만 교감 선생님과 연구부장님의 든든한 서포트, 동료 선생님들의 조언과 응원 덕분에 무사히 잘 지나갈 수 있었다.

그리고 공개수업 당일, 에듀테크 로그인 문제로 수업이 지체되고야 말았다. 뒤에 많은 선생님들께서 계셔 긴장한 학생들이 평소와 다른 컨디션으로 참여했다. 시간은 자연스럽게 오버가 되었고 어느새 목뒤부터 다리까지 축축해짐을 느꼈다.

수업 나눔까지 마무리하고, 교육장님과 장학사님의 이야기를 다 듣고 나니 기운이 쭉 빠졌다.

공개수업은 준비 기간 동안 내가 계속해서 내 수업에 성찰하게 한다. 머릿속으로 시뮬레이션을 돌리며 '이게 최선인가?'를 반문하게 한다. 수업을 실행하는 동안은 '즉흥으로라도 계획안과 다르게 하면 훨씬 학생들의 호응을 얻을 수 있을 터인데, 정해진 대로 하는 것이 알맞은 답인가?'를 계속 고민하게 한다. 수업이 마무리된 후에는 내 취약점과 직면하고 다음 수업에서 보완할 것을 크게 와닿게 한다. 이 네 가지가 나를 성장시킨다는 것은 분명하다. 돌이켜보면 수업 공개의 무게에 대해 잘 모르고 신청하고, 짧은 기간 익힌 하이러닝을 활용한 수업을 공개한 것이다. 그러나 그 과정에서 '수업'과 '하이러닝'에 대해 관심을 가질 수 있었고, 나의 전문성을 신장시키기 위해 찾아보고 적용하는 나날들을 보냈었다. 이 과정을 겪고 보니 선생님들께도 너무너무 추천해 드리고 싶다.

아래는 수업 공개의 이면을 보여드리고자 한다. 수업 공개의 장점을 보고 도전하시되, 적어도 도전에 당황하고 후회하는 일이 줄어들었으면 하여 수업 공개 이면의 모습도 나누고자 한다.

공개수업에 만약 교육청 관계자가 참여하게 되어 그 규모가 커질 경우, 학교에서는 교실 환경 미화와 참관 선생님들 자리 배치, 현수막, 간식과 참관록 비치, 태블릿과 같은 수업 준비물과 수업안을 미리 준비해야 한다. 또, 동료 선생님들께서도 바쁘신 시간을 쪼개어 함께 와주시고 사진도 찍어주시고 마무리에는 이 모든 것을 다 정리해야 한다. 수업하는 교사 혼자서는 결코 여유롭게, 쉽게 할 수 있는 일이 아님을 알게 되었다. 공개수업으로 인해 주변에 감사함을 많이 느낄 수 있는 시간이 될 것으로 생각한다.

그 이후에도 한차례 더 진행된 수업 공개 덕분에 내 이름을 알던 대학 동기들과 선생님들 사이에서 유명해지긴 했다. 수업 공개 덕분에 오랜만에 연락을 주고받으며, 친구들 사이에서도 수업 공개 공문을 일부러 찾아 읽으며 내 이름을 찾았다는 이야기도 들었다.

동시에 유명해지는 것은 보통 어려움이 아니라는 것을 느끼기도 했다. 누군가가 유명해진 데는 그 사람의 노력만큼이나 주변 사람들의 도움이 있다는 걸 깨달았다.

나는 누군가에게 도움이 되는 사람이 되고 싶다. 유명한 사람이 되고 싶다는 나의 바람은 유명해지는(?) 과정을 통해 조금 바뀌고 있는 듯하다. 시시각각 변화하는 나의 지향점에 큰 울림을 준 나태

주 시인의 이야기를 남기며 마무리한다.

"저 자신이 유명한 시인이 되기를 원하지 않습니다. 그 대신 저의 시가 유용한 시가 되고 저 자신이 유용한 시인이 되기를 소망합니다. 언제까지나 저는 조그만 시인, 친근한 시인, 평범한 시인으로서 독자들 옆에서 자그맣게 숨을 쉬며 살고 싶습니다."

이예린

꼬리에 꼬리를 무는 기회 잡기
: 일단 도전해!

신규니까
청춘이다

"부장님, 저 해당하는 게 아무것도 없어요!"

"일단 해, 일단 해!"

"부장님, 저 경력 점수가 0점이에요."

"그냥 내, 그냥 내!"

선생님이라는 타이틀을 받은 지 6개월 정도 지났을 때 새로 만나게 된 부장님과의 대화이다. 신규 1년 차, 열정 넘치던 시기였다. 교육자로서 나만의 강점을 만들기 위해 무엇이든 배우고 싶었고 재밌어 보이는 것은 괜히 기웃거렸다. 처음 경험하는 교직 현장에서 만난 전문 분야들은 너무 많고 다양했다. 대학생 때 세부 전공을 선택하는 것과는 또 다른 느낌이었다. 여러 분야를 직접 경험해보며 내가 앞으로 연구할 교육 분야를 탐색해야겠다는 생각이 들었다. 다양한 정보는 에듀파인에서 공람된 공문을 살펴보면 된다는 선배 교사의 말을 듣고 공문을 열심히 검색하며 듣고 싶은 연수와 하고 싶은 활동들을 찾았다.

'하고 싶은 거 다 해봐야지!!' 공문 제목을 보면 흥미로운 내용들이 많아서 설레었다. 근데 이런! 관심 있는 공문을 열어 보면 선발 기준엔 항상 교직 경력, 관련 활동, 관련 논문 또는 책 출간 경험, 수상 경력 등이 적혀있었다. 하지만 신규가 그런 게 있을 리가... 마치 경력 있는 신입사원을 요구하는 느낌이었다. 신입은 어디 가서 경력을 쌓나요? 교직이라고 다르지 않았던 것이다. 인원이 미달 나지 않는 이상 뽑힐 가능성이 없다고 생각했다. 동기나 계획서 등을 열심히 썼다가 떨어지면 마음이 아프니까 신청서를 제출하지 않았다. 그렇게 나는 경력이 없다는 핑계 뒤에 숨어서 도망쳤다.

그러다 나를 기회의 땅으로 이끌어 준 부장님을 만났다. 부장님은 항상 정보를 어디선가 빠르게 물어와 단톡방에 공유해주셨다. 어디서 이렇게 꿀 같은 정보만 찾아서 오시는지 신기했다. 평소와 다름없이 학생들과 부대끼며 하루를 마친 어느 날, 나의 도망에 마침표를 찍는 일이 발생했다.

"0톡". 부장님이 보내신 새로운 메시지로 스마트폰이 울렸다. 교육지원청 영재 교사 선발 공문이었다. 호기심에 서류를 열어 선발 기준을 보았지만 역시나 경력 점수는 거의 0점에 가까웠다. 총 50점 만점 중 2점? 이번에도 너무나 부족한 내 점수에 '그러면 그렇지!' 하고 창을 닫았다.

그 다음 날, 부장님은 나를 보자마자 지원 서류를 잘 작성하고 있는지 물어보셨다.

"예린 선생님, 이거 쓰고 있어요?"

"아······. 경력이 한 개도 없어서 안 썼어요."

"아, 그래요? 잠시만 기다려봐요." 부장님은 누군가와 잠깐의 통화를 마치고 돌아오셨다.

"담당자와 통화했는데 신규 교사가 뽑히는 일도 있다고 하네요. 한번 그냥 내봐요, 내봐요."

"네?? 아······. 알겠습니다."

더 이상의 핑계를 댈 수 없었다. 부장님이 직접 전화까지 하셔서 알아봐 주셨는데 또 거절하는 것은 예의도 아니었다. 통화 내용을 요약해 보자면 영재교육에 지원하는 교사의 수와 영재 교사 선발 수는 매년 다르기 때문에 신규 교사까지 기회가 올 수도 있다는 것이었다. 그렇게 나는 지원 접수 마감 3일 전 공문을 다시 열었다.

 공문을 천천히 읽으며 정량평가 기준을 살펴봤다. 내가 그나마 챙길 수 있는 점수는 무엇일까……. 그래, 연수를 15시간이라도 들어서 연수 점수를 챙기고 지원 동기와 수업 계획서를 잘 써서 지원 서류 점수라도 챙겨보자. 그렇게 바로 온라인 연수를 신청하고 지원 계획서를 쓰기 시작했다. 교육 트렌드? 영재교육? 임용 때 공부한 수박 겉핥기식의 지식밖에 없었기에 영재교육을 위한 연수, 책, 논문 등을 열심히 찾아 3일 동안 공부했다. 3일 동안 공부라니……. 지금 보면 공부라고 표현하기도 애매하긴 하지만 당시 내가 할 수 있는 최선이었다고 말할 수 있다. 벼락치기를 하며 영재에 대해 알아갈수록 스스로에게 의구심이 들기 시작했다. '내가 과연 영재들을 가르칠 수 있는 교사일까? 애들 엄청나게 잘하는 거 아니야?' 하지만 제출 기한이 임박한 상황에서 고민을 깊이 할 수 없었다. 그리고 이미 쓰기 시작한 계획서이니 마무리는 봐야겠다는 생각으로 3일 동안 퇴근 후 컴퓨터 앞에 앉아 나름 체계적인 것 같은(?) 교육과정을 구상했고 지원 동기도 열심히 작성해서 지원 서류를 마지막 날에 제출했다.

그렇게 작성한 서류가 머릿속에서 잊힐 때쯤 영재 교사 선발 공문이 날라왔다. 그런데 웬걸······. 공문에 내 이름 세글자가 적혀있었다. '뭐지? 왜 된 거지?'라는 의문이 들었지만, 뭔가를 도전해서 이루어낸 성취감이 나를 채웠다. 그렇게 성취감을 느낀 나는 '우선 도전해 봐야겠다'라는 용기가 생기게 되었다. 이 시점부터 실행으로 옮기는 적극적인 태도라는 큰 톱니바퀴와 신규니까 떨어져도 괜찮다고 생각하는 작은 톱니바퀴가 내 마음속에서 홈을 맞추며 돌아가기 시작했다. 실패를 겪을 때도 도전하지 않고 포기하던 시절을 핑곗거리로 삼을 수 있었다. '떨어지면 뭐 어때. 나는 신규니까 그럴 수 있어. 경력이 없다는 좋은 핑계가 있잖아?'라는 자기합리화가 시작되며 무한 도전 굴레에 빠지기 시작했다.

 왜 무한 도전이라고 했는지 잠시 이야기해 보고자 한다. 영재 강사 신청서를 제출하고 1년 동안 수많은 도전과 성공, 실패가 있었다. 가장 먼저 출판사에서 진행하는 인공지능 아이디어 공모전에 나갔다. 이 역시 부장님의 푸시가 있었는데 나는 또 부장님 말씀에 홀랑 넘어가서 일주일을 넘게 인공지능을 탐구했다. 인공지능과 음악 교육과정을 접목한 프로그램 아이디어 제안서를 작성한 뒤 공모전에 제출했고, 아이디어 상을 받게 되었다. 대상이나 최우수상은 아니었지만 신규였던 나로서는 너무 만족스러운 결과였다. 이 수상을 계기로 나는 인공지능에 관심을 가지게 되었고 디지털 교육 분야에 발을 들여놓았다.

관심 분야가 정해지니 신기하게 그와 관련된 업무와 일을 할 수 있는 기회들이 생기기 시작했다. 학교에 디지털 선도학교라는 큰 사업이 선정되어 내려왔는데 내년에 이 사업을 맡아서 운영해 보지 않겠냐는 제안을 받게 된 것이다. 열정이 넘치던 나는 당연히 외쳤다. "네! 해볼게요!"

그렇게 업무가 디지털 교육으로 결정된 후 새 학년이 시작되었고 나는 디지털 선도학교 업무와 영재 강사 활동을 하며 바쁘게 학기를 보내고 있었다. 근데 또 사람은 적응의 동물이지 않은가……. 학기 초 바쁜 업무 세팅이 마무리되니 여유가 생겼다. 여유가 생기니 다른 일이 눈에 들어오기 시작했다. 그 시점, 내 눈에 들어온 것은 교육방송연구대회였다. 교육방송연구대회는 교육에 필요한 영상을 만드는 대회이다. 뜻이 맞는 동료 교사 한 명을 찾아 시나리오 작성, 촬영, 편집을 하며 연구대회에 도전했다.

수업, 업무, 강사, 연구대회를 준비하며 하루하루를 알차게 채워나가던 중 작년에 관심 있었지만 경력 점수가 너무 부족해 포기했던 인공지능융합교육 대학원 장학생 선발 공문이 도착했다. 기대하며 공문을 열어봤지만, 변한 것은 없었다. 경력도 최소 3년 이상이어야 5점을 더 주고, 지금까지 수상 기록도 교육부와 관련된 수상이 아니었기에 정량평가에 포함되지 않았다. 디지털 선도학교 업무도 1년을 채워야 경력으로 인정되었기 때문에 내 점수는 바뀐 게 없었다. 뭔가 열심히 산 것 같았는데 바뀐 게 없다니……. 잠시 상실감을 느꼈다. 하지만 '신규니까 떨어져도 괜찮아'라는 한마디를 마음속에 다시 새기며 지원 동기와 연구 계획서 등을 작성하여 교육청에 지원서를 제출했다. 결과를 기다리면서 출판사 교과서 검토위원, AIDT 강사에도 지원하며 다양한 도전으로 떨리는 마음을 진정시켰다.

시간은 바쁜 일상 덕분에 빠르게 흘러갔고 기다리던 연구대회와 장학생 선발 결과가 발표되었다. 두구두구.. 연구대회 탈락, 대학원 장학생 서류 합격이었다. 열심히 촬영한 교육방송연구대회 탈락으로 마음이 쓰렸지만, 대학원을 최종 합격한 것이 아니었기에 바로 정신을 차린 뒤 대학원 면접을 준비해야 했다. 두 개 다 탈락할 수 없었기에 열심히 면접을 준비해서 대학원은 꼭 합격하고 싶었다. 하지만 혼자서는 학습 방향을 잘못 설정할 수도 있다는 불안감이 들었다. 그래서 주변에 물어물어 나와 같은 상황에 있는 (인공지능융합교육 대학원 장학생 선발 면접을 준비해야 하는 교사)선생님을 소개받았다. 동료 선생님과 함께 인공지능 스터디를 진행했고 다행히 함께 원하는 대학에 합격했다.

도전의 과정을 책에서 모두 다루지는 못했지만 결과적으로 1년 동안 나의 무한 도전 성공률은 50% 정도이다.

무려 50%나 탈락을 했다. 근데 그러면 어떤가. 아무것도 안 했던 지난 1년보다는 50%나 이루어냈는걸…….

떨어지거나 탈락하면 조금 우울해지기도 하지만 그래도 이 한마디면 괜찮은 것 같다. '나는 신규니까 괜찮아!'

연구 대회에
도전하다

  종이를 관리하기 귀찮은 나는 보통 태블릿으로 서류를 정리하고 기록하곤 한다. 임용 후 교직원 회의에서도 태블릿을 사용하여 회의 내용을 정리했다. 이런 모습을 디지털 잘 다루는 신규 선생님으로 오해하신(?) 부장님 두 분이 어느 날 갑자기 교육자료전 연구 대회에 함께 나가보지 않겠냐고 제안하셨다. 무슨 대회인지도 몰랐지만, 부장님들에게 많이 배울 수 있을 것 같다는 생각에 폐가 되지 않게 열심히 해보겠다고 제안에 응했고 그렇게 나의 첫 연구 대회 팀이 꾸려지게 되었다.

  교육 자료전을 한 문장으로 정리하자면 '교육에 필요한 자료를 연구하고 개발하여 효과성을 검증하는 대회'라고 할 수 있다. 다양한 교과목에서 주제를 하나 골라 필요한 교육 자료를 개발하는 것인데 학생들 오개념을 수정할 수 있는 자료, 과밀 학급 등에서 사용할 수 있는 공간의 효율성을 높인 자료, 기존의 교육 자료 한

계를 극복한 자료 등을 만드는 것이다.

자료 제작을 위해서 할 일을 정리해 보았다.

교육 자료전 이후에도 교육 방송연구대회에 나갔었는데 연구 대회의 흐름은 어느 정도 비슷한 것 같다. 이 챕터에서는 교육 자료전을 주로 다룰 예정이니 혹시 다른 연구 대회에 관심 있는 신규 교사들이라면 연구 대회의 흐름 정도만 느껴보길 바란다.

혹시 옆에 마음 맞는 선생님이 있다면 그 동료 선생님과 함께 당장 도전해 보는 것을 추천한다. 마음 맞는 선생님은 쉽게 만날 수 있는 것이 아닐 뿐만 아니라 연구 대회에 참석하면 등급의 여부와

상관없이 교사의 전문성을 많이 키울 수 있다. 혹시 없다면 혼자 해도 상관없다. 혼자 해서 등급을 받는다면 더 많은 연구 점수를 얻을 수 있다는 장점이 있다.

지금부터 연구 대회를 위해 1년 동안 어떻게 열심히 달렸는지 이야기하려고 한다.

주제 선정

매우 감사하게도 나를 팀에 초대해 주신 부장님은 연구 대회 경험이 여러 번 있으셨고, 이번 연구 대회를 위한 주제 초안도 갖고 계셨다. 덕분에 주제를 찾는 시간이 많이 감축되었다. 정석대로라면 팀 선생님들과 학년을 나눠서 전 과목을 살펴보며 학생들이 무엇을 이해하기 어려워하는지, 어떤 교수 학습 자료가 부족한지 찾아보고 미리 연구된 것이 없는지 분석하며 주제를 선정해야 한다. 하지만 부장님 덕분에 이 과정을 생략할 수 있었고 빠르게 자료 제작을 위한 기반을 다질 수 있었다. 우리 팀의 연구 주제는 '디지털 시민 교육'이었다.

방향성 설정 및 자료 회의

첫 번째 자료전 회의에서 디지털 시민교육에 대한 이해도가 낮았던 나를 위해 부장님은 책과 몇 가지 자료를 손에 들려주시며 배경지식을 쌓아오라는 숙제를 내주셨다. 그렇게 2주 정도 디지털 시민성과 관련된 책을 읽고 논문, 선행 연구를 살펴보며 디지털 시민 교육에 관해 공부했다. 주제에 대한 탐색을 마치고 모인 두 번째 회의에서는 개발할 자료의 방향성을 논의했다.

디지털 시민성은 코로나로 인해 디지털 대전환이 이루어지면서 교육계에서 점점 중요성과 공감을 얻어 가는 주제였다. 인성 교육이 무엇인가에 대한 개인의 정의가 다양한 만큼 디지털 인성을 다룬 디지털 시민성 역시 정의가 다양했고 연구를 위해 정리된 디지털 시민성 정의가 필요했다. 이에 내용 요소들을 초등학생 수준으로 적정화하고 디지털 시민교육을 잘 모르는 교사도 쉽게 디지털 시민교육을 할 수 있도록 더 직관적이고 쉽게 세부 요소를 재구성했다. 학생들이 어려운 개념에 친숙하게 접근할 수 있도록 각 인성 덕목을 대표하는 캐릭터와 그 덕목을 지키기 어렵게 하는 악당 캐릭터를 만들기로 결정한 뒤, 캐릭터 초안을 디자인해 오기로 하며 회의가 마무리되었다.

첫 번째 주 자료 제작

세 번째 회의. 각자 그려온 캐릭터 초안을 공유했고 손으로 그린 그림을 디지털로 변환시키는 작업이 필요했다. 부장님이 나에게 무엇을 바라시고 연구대회를 제안한 것인지 깨닫게 되는 순간이었다. 얼른 작업을 해오겠다고 하고 회의를 재개했다. (지금 와서 이야기하는 것이지만 포토샵이랑 일러스트레이터를 이때 처음 써봤다.)

첫 번째 주 자료의 개발 방향은 캐릭터를 활용하여 어려운 디지털 시민성 개념을 학생들에게 쉽게 전달하는 것이었다. 이를 위해 증강현실 프로그램을 활용해 캐릭터를 찾으며 용어에 친숙해질 수 있도록 하고, 악마 캐릭터와 인성 덕목 캐릭터의 대립 관계와 교육 과정의 세계관을 이해할 수 있는 애니메이션을 제작하기로 했다. 또한 학생들이 반복해서 녹음 파일을 들으며 개념을 학습할 수 있도록 녹음파일이 탑재된 캐릭터 카드를 만들기로 했다.

지금까지 나온 아이디어를 실사화 하기 위해서 캐릭터 그리기, 캐릭터 애니메이션화하기, 녹음 파일 만들기, 캐릭터 카드 만들기 등의 작업이 필요했다. 디지털을 잘 다루는 신규교사(?)가 할 일이 많아지는 시점이었다. 회의가 끝나고 본격적으로 자료를 실사화하는 과정에 돌입했다. 퇴근 후에도 작업할 수 있는 날에는 2~5시간 정도는 작업을 하려고 노력했는데 왜 젊었을 때 연구 대회 나가기를 추천하는지 조금은 알 것 같은 시절이었다. (체력이 받쳐줄 때 하라는 의미이다.)

두 번째 주 자료 제작

네 번째 회의. 앞에 작업이 마무리가 안 되더라도 주기적으로 팀원들과 만나서 상황을 공유해야 한다. 첫 번째 주 자료 작업이 어느 정도 마무리가 되었을 즘, 두 번째 자료 아이디어 회의를 했다. 두 번째 주 자료로는 우리가 개발한 교육 과정을 효율적으로 운영할 수 있도록 교육 꾸러미를 만들기로 했다. 교육 과정의 짜임새 있는 운영과 몰입감 있는 교수학습 활동을 위해 교육 과정의 세계관도 디지털 세계에서 악마 캐릭터에게 납치된 인성 덕목 캐릭터들을 구하는 것으로 구체화했다. 교육 과정의 이해를 돕기 위해 한 가지 예를 들자면 거짓 정보를 활용해 악마가 인성 캐릭터를 공격하면 다양한 정보 판별 활동을 통해 학생들은 그 공격을 막고 인성 캐릭터를 구출하는 흐름이다.

우리 팀이 정한 자료의 목표 중 하나는 자기주도적 학습이었다. 이를 위해서는 학생들이 수업의 흐름을 스스로 파악할 수 있어야 했다. 그래서 학습 흐름을 쉽게 인식할 수 있는 학습 보드판을 만들기로 하고 보드와 함께 쓸 보조 도구들을 결정했다. 그렇게 두 번째 주자료의 방향과 세부 내용을 구체화한 뒤 네 번째 회의가 종료됐다.

보조 자료 제작의 시작

다섯번째 회의. 두 번째 주자료의 제작이 어느 정도 진행됐을 무렵, 보조 자료 제작을 시작했다. 보통 자료전의 보조 자료로는 워크북, 지도서, 복습용 게임(보드게임, 방 탈출 메타버스 등)을 제작한다. 우리 팀 역시 워크북, 지도서, 복습용 보드게임, 메타버스 게임을 제작하고 자료의 일반화 가능성을 높이기 위해 홈페이지를 제작해 배포하기로 했다. A 부장님은 지도서 틀을 마련해 주시기로 했고 B 부장님은 이런 자료의 제작 방법을 탐색하고 메타버스를 설계하기로 했다. 나는 보드게임과 홈페이지를 담당했다. 보드게임 제작을 위해 평소에 재미있게 했던 〈스플렌더〉 보드게임에서 아이디어를 얻어 인성 덕목을 대표하는 보석 토큰을 만들고 복습용 퀴즈 카드, 귀족 영웅 캐릭터 카드 등을 디자인했다.

홈페이지 제작을 위해 HTML과 CSS, JAVA를 배울 수 있는 책을 구매한 뒤 유튜브로 독학했다. 독학한 프로그램 언어와 편집한 이미지를 활용해 반응형 홈페이지를 만들었고 누구나 다운로드할 수 있도록 모든 자료를 탑재했다. 물론 틈틈이 내가 담당한 디지털 시민성 요소와 관련된 지도서와 활동지를 작성하고 수업에 도입하며 효과성 검증을 위해 노력했다.

마지막 발표 준비

대회 이 주일 전부터는 발표 준비를 했다. 교육 자료전은 지금까지 만든 자료를 전시 공간에 전시하고 심사 위원 앞에서 자료를 시연하며 자료의 우수성을 뽐낼 수 있는 시간이 있다. 심사 위원은 사전에 우리가 작성한 30쪽 분량의 자료 설명서를 읽고 오지만 실제 자료를 보는 것은 대회 당일 발표 시간뿐이다. 5분 동안 우리의 자료에 대한 흥미를 끌어내야 하는 것이다. 발표에는 팀원 모두가 참석해야 한다. 짧은 시간 동안 자료 시연과 설명을 해야 하므로 팀원끼리의 팀워크가 매우 중요하다. 자료 시연을 위한 동선을 짜기 위해서 교육 자료의 배치부터 설명 멘트까지 팀원들과 논의하며 매일 매일 발표 준비를 했다.

드디어 대회 날

교육 자료전 대회는 총 이틀에 걸쳐 진행된다. 대회 첫 날에는 우리 팀에게 주어진 전시 공간에 자료를 설치하고, 둘째 날은 자료의 필요성, 우수성, 효과성 등에 대해 발표한다. 그동안 만든 자료를 왕처럼 모시며 대회장으로 이동한 뒤 제한 시간 동안 열심히 자료를 설치했다. 자료 설치 후 다른 팀들은 무엇을 만들었는지 슬쩍 둘러보았는데 트럭으로 이동한 것 같은 거대한 비주얼의 자료들도 있었다. 자료 설치에 시간을 많이 써서 제대로 둘러보지는 못했다.

설치 후 빠르게 학교로 돌아와 마지막 발표 연습을 하고 다음 날 다시 대회장으로 이동했다. 떨리는 마음을 다잡고 부장님들과 함께 합을 맞추어 큰 실수 없이 발표를 마무리했다. 결과는 대회 당일에 나오는 것이 아닌 몇 주 뒤에 나온다. 다행히 결과는 1등급이었고 그동안의 노력을 보상받을 수 있어서 뿌듯했다. 여기까지가 대회의 끝이라고 생각할 수 있겠지만 도대회에서 1등급을 받은 팀은 여기가 끝이 아니다. 1등급을 받은 팀은 그 도를 대표해서 전국 대회에 반드시 참여해야 하는 규칙이 있다. 그렇게 결과 발표와 동시에 다시 자료를 업그레이드 하기 위해 컴퓨터 앞에 앉게 되었다.

이해를 돕기 위해 자료별로 제작의 흐름과 방향을 세분화해서 적었지만, 실제 자료전에서는 동시다발적으로 많은 자료들이 제작된다. 연구 대회를 나가기로 마음먹었다면 '대회 날까지는 매우 바쁘겠구나'라는 다짐을 가지고 시작하기 바란다. 나는 투자한 시간과 노력만큼 자료의 수준이 올라간다고 생각하기 때문에 대회 전날까지 자료를 수정했다.

혹시 신규 교사라면 미리미리 창작 도구 여러 개를 익혀두는 것을 추천한다. 무조건 교직 생활에 도움이 되리라 생각한다. 수업 혁신 사례 연구 대회 등에서도 학습 자료를 직접 제작해야 한다. 연구 대회에 창작 도구 활용 능력은 필수인 것이다. 물론 요즘

템플릿, AI 등이 잘 나와 손쉽게 영상이나 자료를 제작할 수 있지만 연구 대회는 내가 생각한 대로 작품을 만들어 내야 한다. 그렇기 때문에 세부적인 요소들도 내가 수정할 수 있어야 한다. 캐릭터의 눈을 감게 만든다거나 눈동자 색깔 같은 작은 요소들도 내 마음대로 바꿀 수 있어야 한다는 이야기이다. 디테일까지 조절하는 방법은 결국 자기가 직접 만드는 수밖에 없다. 유O브에 너무나도 많은 자료들이 있으니 꼭 익혀두길 바란다.

〈자료전에서 자료의 일반화 가능성을 높이기 위해 만든 홈페이지 일부〉

한 스푼 성장 레시피- 연구 대회 팁 정리

1. 주제 선정

전문성이 확실한 분야가 있다면 그 분야와 관련된 자료를 제작하면 되겠지만 혹시 없다면 폭넓게 수용할 수 있는 분야를 결정해서 시작하는 것도 좋다. 다양하게 주제와 엮을 수 있다는 장점이 있다. 예를 들어, 독도 교육을 위한 자료보다는 계기 교육을 위한 자료, 협력을 위한 자료보다는 인성 교육을 위한 자료처럼 폭넓게 수용할 수 있는 주제를 선정하자.

2. 자료 제작 방향성 설정

자료전 연구 대회 심사는 각 과목의 교수님이 하기 때문에 그들을 공략할 수 있는 주제를 선정하는 것이 중요하다. 계획서에 심사 기준 항목을 제시하는 경우가 많으니 각 항목을 공략할 수 있는 계획을 세우자.

3. 주 자료 제작

메타버스가 나왔을 때 메타버스와 관련된 수많은 수상작이 탄생

했다. 혹시 연구 대회에 나간다면 주제와 어울리는 새로운 도구들을 잘 활용해 보자. 충분히 가산점이 될 수 있을 것이다.

4. 보조 자료 제작

보조 자료는 기본으로 모든 팀이 제작하는 자료이기 때문에 심사위원의 흥미를 끌기에는 쉽지 않다. 하지만 제작을 대충 하거나 안 할 수는 없다. 자료 설치 공간은 오픈되어 있어서 보조자료를 안 만들 경우 다른 팀 전시 공간보다 허전한 우리 팀 전시 공간을 볼 수 있다.

학부모님, 학교로 와주시겠어요?

한번 상상해 보자. 나는 8살 자녀를 둔 학부모이다. 어느 날 내 아이 담임 선생님이 남편을 데리고 학교에 오라고 했다. 그리고 하는 말이 우리 아이가 의학적 도움이 필요하다는 것이다. 만약 당신이 학부모였다면 이 말을 들었을 때 어떤 느낌이 들었을까? 선생님에 대해 어떻게 생각할까?

남들과 다름을 알아채기까지

지금부터 학부모에 대한 두려움을 깰 수 있었던 나의 경험을 조심스럽게 이야기하고자 한다. 1학년을 맡았던 신규 때의 이야기이다. 처음 이 아이의 특수한 부분을 발견하기까지는 시간이 조금 걸렸다. 처음 해보는 1학년이었기에 보통의 1학년이라는 비교 대상이 없었다. **당시 나는 1학년의 특징을 글자로만 접했다. 집중력이 길지 않아 수업 시간에 돌아다니는 학생도 가끔 있고 자기중심성이 강**

한 시기. 그래서 이 아이를 만났을 때 헷갈렸다. 이게 보통 1학년 학생의 특징인지 아니면 이 학생만의 특수함인지. 이전 비교 데이터가 없으니 알 수가 없었다. 1학년은 학기 초 입학 초기 적응 기간이 있다. 이 기간에는 유치원과 다른 점들을 학습하는 시기인데 수업 시간에 돌아다니지 않기, 쉬는 시간에만 쉬기 등 학교생활을 위한 기초 생활 습관을 형성하는 시기이다. 학교라는 새로운 환경에 적응하는 것부터가 학생들에게는 큰 도전이기 때문에 지속해서 규칙을 상기할 수 있도록 도와주며 천천히 학생들의 적응을 기다렸다. 그렇게 2달 정도 지났을 쯤, 학생들도 점점 학교생활에 적응을 하기 시작했다. 단 한 명만 빼고.

다른 아이들이 학교에 적응할수록 이 아이의 특수성이 더 도드라지기 시작했다. 수업 시간에 책상 밑에 들어가서 엎드려 있거나, 빗자루를 무지개 색깔로 물들인 후 잘게 잘라서 바닥에 뿌렸다. 손등을 다 빨갛게 칠해 놓거나 사인펜의 잉크로 물티슈를 물들이고 가위로 잘게 잘랐다. 가위와 풀로 장난치는 것도 심해 가위는 보통 내가 맡아두었다가 활동 때만 돌려주는 것이 일상이었다. 교실에서 모래 놀이를 하겠다고 물통에 모래를 담아 교실에 들고 와

사물함에 뿌려놓기도 했다.

수업 시간에도 내 말을 이해하지 못하는 모습을 보여 항상 개인 지도를 했지만 이해하려고 노력하는 모습을 보이지 않았다. 이때는 내 말을 무시하나? 라는 느낌을 받기도 했었다. 활동을 하지 않으니 학습 격차도 점점 벌어졌다. 교실에서만 그러는 것은 아니었다. 급식을 먹다가도 급식실 의자를 이어 붙여 누워있거나 음식으로 장난도 많이 했다. 학습 격차는 벌어지고, 생활 습관이 남들과 다르니 친구들과도 점점 어울리지 못했다.

학생을 위한 모든 솔루션의 마지막 단계: 학부모 상담

처음에는 내 지도 방향이 잘못된 줄 알고 학생의 특성에 맞는 방법을 찾기 위해 다양한 방법을 시도했다. 엄격하게, 타이르듯이, 무시하기 등 다양한 방법을 시도했지만 모두 실패했다. 나는 무서워지기 시작했다. 내가 이 아이를 점점 포기하게 될까 봐. 무엇인가 해야만 했다. 검색창을 열어 이 아이의 특징을 검색하기 시작했다. ADHD 아이의 특징, 민감성 높은 아이의 특징 등 열심히 찾아보았지만 100% 확신이 드는 사례를 찾지 못했다. 의학적 검사가 필요할 것 같다는 생각이 들었고 학부모와의 상담을 위해 사전 준비를 시작했다.

 백문불여일견이라는 말이 있지 않은가? 내가 설명하는 것보다는 상담 때 직접 보여드리는 것이 낫겠다고 판단했고 학생의 특이한 행동을 촬영하기 시작했다. 자른 머리카락, 가지고 논 물티슈, 가위로 난도질한 교과서, 책상 밑으로 들어간 아이 사진 등. 그리고 학부모에게 전화를 걸었다. 학부모에게 전화를 먼저 걸어본 적은 많았지만, 상담을 위해 학교로 오라고 먼저 제안한 적은 처음이었다. 전화번호를 누를 때부터 심장이 너무 뛰었다. 어떻게 이야기해야 학부모가 놀라시지 않을까, 못 오실 정도로 너무 바쁘시면 어떻게 해야 하지? 내 머릿속은 연결음이 울리는 동안 백지가 되어갔다.

 몇 번의 연결음이 지나고 수화기 너머로 목소리가 들려왔다. 쿵쾅대는 심장을 부여잡으며 아이에 대해서 의논할 게 있으니, 학교로 와달라고 요청드렸다. 학부모님 두 분 모두 방문해주시기를 요청하며 시간을 안내드렸는데 시간을 비워 참석하겠다는 답변을 받았다.

 통화 이후 상담 시작 직전까지 내가 잘한 걸까 수십 번 고민했다. 혹시 의학적 도움이 필요하지 않은 아이라면 어떻게 하지? 내가 잘못 생각한 거라면? 경험도 많이 없는데 섣불리 판단한 것은 아닐까? 학부모님이 내 의견을 받아들이지 않는다면? 두 분 다 오시라고 괜히 이야기했나? 상담 걱정에 잠도 못 주무시는 거 아냐?

하지만 날이 갈수록 벌어지는 학습 격차와 학교 부적응을 보며 마음을 굳게 다잡았다. 혹시 거부하신다면 우리 반 학생을 위해 최선을 다해 설득을 해보자. 내가 학생을 위해 할 수 있는 모든 노력을 하자고 다짐하며 머릿속으로 상담 시뮬레이션을 수없이 해보며 상담을 준비했다.

상담의 시작

드디어 상담 당일이 되었다. 학부모님 두 분 다 경직된 모습으로 교실에 들어오셨고 나는 자리를 안내한 뒤 상담을 시작했다. 경직된 부모님들을 위해 '먼저 상담 요청드려서 걱정 많으셨을 것 같다', '잠은 잘 주무셨는지', '두 분 다 와주셔서 감사하다' 등의 간단한 대화로 상담의 물꼬를 텄다.

혹시 학교와 가정생활이 너무 다를 경우 학부모님이 충격을 받을 수도 있다고 생각해 가정에서 아이가 어떻게 지내는지 질문했다. 매일매일 만들어오는 손등 위 심한 낙서들, 매일 잃어버리는 물건들, 피아노 학원에서의 생활 등을 이야기해 주셨고 다행히 내가 하고 싶은 말을 꺼낼 수 있는 분위기가 만들어졌다. 지금까지 찍은 사진과 영상을 보여드리기 위해 챙겨간 패드를 꺼내며 아이의 남들과 조금 다른 점에 대해 이야기하기 시작했다. 가위나 볼펜 등으로 잘리고 칠해진 자녀의 책상과 물품들, 지금까지의 특이한 행동들을 차례대로 보여드렸다. 사진과 영상을 보여드리고 난 뒤 학부모님께서는 한동안 말이 없으셨다.

몇 분의 침묵 이후 학부모님은 자신에 대한 자책을 보였다. 일을 하느라 자식에게 더 많이 신경을 못 써준 것 같다고 이야기하시며 결국 눈물을 보이셨다. 나도 같이 울컥하는 순간이 여러 번 있었는데 그럴 때마다 눈물을 꾹 참았다. 학부모님을 위로하며 함께 아이의 성장을 위해 노력해 보자고 이야기했다. 그러기 위해 아이 상태가 어떤지 정확하게 알기 위해 상담이 필요할 것 같다고 어렵게 상담의 목적을 전달했고 학부모님도 제안을 받아들이시며 상담이 마무리 되었다.

변화의 시작

이 상담이 끝나고 나는 지금까지 찍었던 아이의 사진과 동영상을 모두 지웠다. 이제 변화할 아이의 모습으로 채우고 싶었다. 상담 이후 아이에게 맞는 치료가 이루어졌다. 학부모와 주기적으로 소통하며 필요한 도움을 주고 약 복용량 조절을 위해 학생 관찰 기록도 매일매일 적었다. 아이의 학교 태도는 얼마 지나지 않아 180도 달라졌다. 차분히 앉아서 활동하고 친구들과 즐겁게 어울렸다. 더 이상 아이의 물품이 복도와 교실을 돌아다니지 않았고 주변이 깔끔하게 관리되었다.

상담을 시작으로 학부모와의 협력 관계를 만들 수 있었고 이를 양분으로 삼아 한 아이가 눈부시게 성장하는 모습을 보며 학부모와의 협력이 왜 중요한지를 느낄 수 있었다. 나를 믿어주고 내 말을 잘 들어준 학부모님 덕분에 학생을 위해 조금 더 적극적으로 행동하는 교사가 될 수 있었다. 가끔 들려오는 학부모와의 갈등 소식을 들을 땐 여전히 학부모가 어렵게 느껴지지만 그때마다 담임 선생님으로서 아이를 위해 할 수 있는 일에 언제나 최선을 다하겠다고 다짐한다. 그게 학부모를 설득해야 하는 일일지도 모르지만 말이다.

한 스푼 성장 레시피- 신규들을 위한 팁

1. 자기 자신을 믿자

경력이 얼마 안 된 신규 교사이더라도 교사는 교사이다. 몇 년 동안 초등 교육을 배우고 어려운 임용 시험에 통과한 자신임을 잊지 말자. 조금 다른 학생들은 금방 눈에 띄기 마련이다. 나를 믿고 내가 관찰한 학생의 태도와 행동을 기준으로 학생에게 맞는 도움을 줄 수 있는 교사가 되기를 조심스레 바라본다. 앞에서 언급했듯이 '내가 맞나?'라는 생각에 주변 선배 교사에게 많은 S.O.S를 보내고 고민 토로도 해봤지만, 최종 선택은 담임인 나에게 있었다.

2. 상담 전 데이터 수집을 하자

반드시 사진이나 영상을 찍으라는 것은 아니다. 예민한 학부모를 만난다면 사진과 영상이 오히려 문제가 될 수 있다. 이럴 땐 자세한 관찰 일지를 작성하자. 데이터를 기반으로 학부모한테 사실 위주로 명확하게 전달하기 위해 노력하자. 학부모의 상황에 따라 공공기관에서 지원할 수 있는 자원도 바로 안내할 필요가 있을 수도 있다. 상담 전 철

저한 준비를 통해 원하는 상담 결과로 대화의 흐름을 이끌어 가보자.

3. 모든 것은 결국 아이를 위함을 강조하자

학습 태도, 학교 적응, 학습 격차 등이 해결되지 않을 때 학생이 겪게 될 불안함과 어려움 등을 걱정하는 모습을 보여주자. 교사가 바라는 것 역시 아이의 행복과 성장임을 학부모님이 인식할 수 있도록 상담 중간중간 언급해 주면 좋다.

정소이

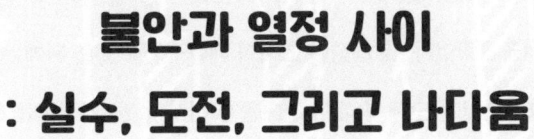

불안과 열정 사이
: 실수, 도전, 그리고 나다움

아직도 마음에 담아두고 계세요?

 전화 너머로 들려오는 친구의 목소리에는 애틋함보다 원망이 짙게 배어 있었다. 그 대상은 그녀의 애인. 사실, 둘의 관계는 오래 전부터 불신과 오해 속에서 위태롭게 이어져 왔다. 친구는 그 끈을 붙잡고 있었지만, 관계를 바로잡는 일은 쉽지 않아 보였다. 끊임없는 대화 끝에 나는 문득 궁금해졌다. "그래서 너는 이런 네 마음을 오빠(친구 애인)한테 말해봤어?" 돌아온 대답은 그렇지 못했다는 것이었다. 나는 한숨을 푹 내쉰 뒤, 결국 가장 하고 싶은 말을 꺼내었다.

 2022년 9월 1일, 정식 발령과 동시에 첫 담임을 맡은 나는 개학식을 무사히 마친 후 학생들에게 하교 인사를 건넸다. "행복한 하루 보내~"라는 인사만큼이나 따뜻한 마음으로 하루를 마무리하고자 했지만, 그날 바로 우리 반 돌봄 학생의 학부모로부터 차가운 연락을 받게 되었다. "그러니까 왜 우리 하연(가명)이가 돌봄반이 아니라는 거죠? 저는 분명 신청했다니까요."

나도 분명 개학 전 우리 반의 돌봄 학생 명단을 두세 번 확인했었다. 게다가 개학 날 돌봄 명단에 있는 학생 이름을 부르고 직접 돌봄반까지 인계했는데 그럴 리가 없다고 생각했다. 열심히 부드러운 대화로 상황을 해결하고자 했으나, 수화기 너머로 하연이 어머니는 더욱 흥분하며 이내 마지막 말을 전했다. "됐어요, 제가 하연이 데리러 갈게요." 돌봄 선생님에게 다시 한번 돌봄 명단을 확인해 보겠다는 내 말이 다 끝나기도 전에 전화는 매정하게 끊겼다.

내 인생 학부모와의 첫 통화가 석연치 못하게 끝나자, 적어도 직접 만나는 자리에서는 제대로 대면해야겠다는 생각이 들었다. 교문 쪽에서 하연이와 함께 어머니를 기다리던 중, 교장 선생님과 교감 선생님께서도 나의 상황을 알게 되셨다. 당시 교장 선생님께서는 잔뜩 긴장한 나를 돕고자 어머니에게 직접 연락하여 상황을 해결하고자 하셨다. 수화기 너머로 들리는 어머니의 목소리에는 여전히 날이 서 있었다. '큰일 났다!'라는 생각이 지워지지 않았을 만큼, 1일 차 햇병아리 교사에게 너무나 아찔했던 순간이다.

나를 마주한 어머니의 태도는 매우 일관적이었다. 나의 인사에 대답 없이 나를 흘겨본 뒤, 하연이의 손을 재빨리 잡고는 휙 돌아

섰다. 기분이 좋지 않았다. 그러나 임용 준비 시절 갈등 상황에서 자주 사용하던 '공감'이라는 말을 되뇌며 내 기분을 다잡으려고 애썼다. 그 후 돌봄 선생님께서 본인의 실수였다며 사정을 전해왔고, 교장 선생님과 교감 선생님께서는 나에게 학부모가 안정될 만한 시간을 두고 다시 연락해보라고 조언해 주셨다. 긴장되는 마음으로 전화를 걸었지만, 통화는 연결되지 않았고, 이후에도 답변은 없었다. 그래서 나는 학급 문의 게시판을 통해 그날의 상황을 정리하고 위로의 마음을 담은 편지를 전했다. 그러나 끝내 답장은 없었다.

그로부터 한 달 후쯤, 학부모 상담 주간에 하연이 어머니와 두 번째 통화를 하게 되었다. "어머님, 그때 하연이 돌봄반에 못 갔던 일 기억하시죠? 그때 많이 당황스러우셨을 것 같아요. 저도 그 상황을 떠올리면 아쉽습니다." 이 말을 꺼내려고 계획한 건 아니었기에, 이 말을 꺼내면서도 당황했던 기억이 생생하다. 말을 하면서도 '대체 뭐가 아쉽다고 말한 거지? 그때 일을 다시 꺼내지 말걸.'이라고 생각할 즈음 어머니의 대답이 돌아왔다.

"선생님, 아직도 마음에 담아두고 계세요?"

"그때는 제가……."라며 당시 본인의 가정 상황을 토로하듯 말을 이어가셨다. 물론 그 내용은 귀에 들어오지 않았고 오히려 혼란스럽기만 했다. 아직도 마음에 담아두고 계시냐니, 머리를 댕 맞은 듯했다. 뒤이어 어머니께서는 내가 그 일에 관해 더 이상 신경 쓰지 않아도 된다고 말씀하셨다.

통화가 진행되는 동안 내가 느끼는 감정이 정확히 무엇인지 알 수 없었다. 허무함과 부끄러움이었을까, 아니면 별일 아니라는 사실에 대한 안도감이었을까. 그 감정은 하나로 정의 내릴 수 없었다. 전화를 마무리한 나는 이내 속상함이라는 감정을 물밀듯이 느졌다. '아, 나는 사과받지 못했구나.' 허무함, 부끄러움, 안도감이라는 감정 위로 속상함이 덮어졌다. 그럼 뭐하나, 이미 상대방과의 이야기가 끝난 것을. 그냥 덮어두기로 했다. 단순한 해프닝이라 여기면서 말이다.

학부모와의 통화가 두렵다고 생각한 건 바로 그다음 해에 있었던 다른 일로써였다.(학교폭력 관련학생 측 학부모로부터 몇 개월간 시달렸었다.) 당시 심적으로 꽤 힘들어 심리상담을 받았는데, 몇 번의 상담 중 그 일이 떠올랐다. 해프닝이라며 지나쳤던 그 일을 조곤조곤 말하면서도 마음이 편치 않았다. 곧이어 상담 선생님께서 말씀하셨다. "상대방은 선생님에게 '힘들다, 속상하다'라고 자신의 상황 내지 감정을 말하는데, 선생님이라고 하지 못할 이유가 있나요? 선생님도 이 상황에 대해 솔직하게 선생님의 마음을 말해보세요." 학부모에게 힘든 감정을 전할 수 있을 거라고는 상상하지 못했다. 아니, 사실 나는 다른 누구에게도 이런 말을 쉽사리 하지 못했다. 결론적으로 그 학부모가 나에게 말했던 "아직도 마음에 담아두고 계세요?"는 나의 인생에 도움이 되었다.

나 스스로에게 말한다. 어떠한 일이 있을 때 마음에 꼭 담아두지 말고 나의 감정을 솔직하게 꺼내어 표현하면 된다고. 요즘은 상황에 따라 상대방과의 대화에서 솔직하고 진정성 있게 말하려고 노력해본다. 그 결과로 상대방과의 대화에서 나의 마음도 존중받을 수 있었고, 상황을 원활히 해결해나갈 수 있게 되었다.

이내 친구에게 자신 있게 말했다.

"왜 아직도 마음에 담아두는 거야? 상대는 네가 말하지 않으면 더욱 몰라! 힘들면 힘들다고, 기분 나쁘면 기분 나쁘다고 표현해도 돼!"

한 스푼 성장 레시피- 교내 업무로 인해 심적·신체적으로 좋지 못한 것 같다면,

* 이렇게 모호하게 표현한 이유는, 처음 겪는 힘든 일에 본인 스스로 해결할 수 있는지 없는지 분간조차 어려울 수 있기 때문이다. 내가 그랬다.

1. 주변 사람들(가족, 동료 교사 등)에게 자신의 상황을 알리기

가장 간단한 방법은 자신의 상황을 주변에 알리는 것이다. 신변의 위험에 처한 사람은 112나 119를 부르고, 어려움이 있는 어린이는 주변에 믿을 수 있는 어른에게 도움을 구하듯 말이다.

필자의 경우 같은 직종에서 일하는 가족이 없었기에, 나의 상황을 온전히 이해해줄 수 있는 사람은 없다고 판단했었다. 가끔 가족에게 투정 부리듯 힘들다며 마음을 털어놓곤 했지만, 실질적인 해결책을 기대할 수 없었기 때문이었다. 그러한 상황에서 동료 선생님들은 나에게 가장 큰 버팀목이 되어주었다. 어려움에 놓일 때 머리를 맞대어 고민하고, 진심 어린 위로를 주고받을 수 있다. 그렇게 하나둘씩 서로를 들여다보게 되면, 무엇이든 이겨낼 힘을 얻는다.

지금 힘든 일에 처해 있는가? 그렇다면 여러분의 교실 문을 열고 나가 바로 옆 학급 문을 두들겨보자. 그곳에서 생각지 못한, 현명한 해답을 얻을 수 있을 것이다.

2. 각 교육청/교육지원청의 건강증진사업을 살펴보기

나는 평소 동료 선생님과 소소하게나마 일상 대화를 주고받기를 좋아한다. 힘든 일이 있어도 동료 선생님과 한바탕 대화를 나누고 나면 어느 정도 마음이 괜찮아지곤 했다. 그러나 한 학부모의 악성 민원을 계기로 점점 말이 없어지고 우울과 불안에 빠지게 되었다. 이런 감정이 들 때 어떻게 대처할지 몰라 혼란스러워 하곤 했었는데, 이즈음 우연히 'K-에듀파인-공람' 창에서 눈에 띄는 제목을 발견했다. '교직원 마음건강 증진사업'이라는 제목의 공문을 살펴보고, 지푸라기라도 잡는 심정으로 상담을 신청했다.

이것이 나의 교직 생활 중 긍정적인 터닝포인트가 될 줄은 몰랐다. 좀 더 전문적인 상담을 받으며, 교사로서의 나와 인간으로서의 나를 구별하여 볼 수 있게 되었다. 또한 '나'라는 사람을 이해하고 존중함과 동시에 주변 사람들과 조화롭게 살아갈 수 있는 방향성을 세워나갈 수 있었다.

이외에도 각 교육청(교육지원청)의 여러 교직원 복지 사업을 활용하기를 바란다. 재정적인 부담을 최소화하고, 비교적 검증된 방식으로 자신의 건강을 돌볼 수 있을 것이다.

* 이런 사업에 신청하는 경우는 대개 개인정보 및 사생활과 관련된 사항에 속한다고 볼 수 있다. 따라서 사업에 신청하기 전 관리자와 상담하여 개인정보 및 사생활과 관련한 조치 또는 기반을 마련해두기를 바란다.

교육방송연구대회
도전기

'똑똑- 드르륵…… 선생님, 저랑 같이 연구 대회 나가실래요?'

이 말을 한 상대방이 신규 교사라면 독자께서 어떤 반응을 보일지 궁금하다.

사실 이 말은 당시 1.5년 차 담임 교사였던 나의 제안이었고, 상대는 신설 학교의 첫해(힘든 시기)를 함께 보낸 동 학년 부장 교사(3년 차), 디니쌤(예명)이었다.

그 당시 연구 대회에 도전해보자는 제안은 나에게도 큰 결단이었다. 연구 대회에 임하게 된 계기와 그 과정에서 겪은 일들을 자세히 풀어보려 한다.

왜 연구 대회에 도전하였는가?

어떠한 목적(승진, 대학원, 파견 등)을 가지고 연구 대회에 도전하는 신규 교사는 드물 거라 생각한다. 연구 대회는 승진하는 데 필요한 승진 가산점이 주어지고, 대학원이나 파견 등에 필요한 소위 '스펙'의 요소가 되기도 한다. 누군가가 나에게 왜 연구 대회에 도전하였는지 묻는다면, 나에 관한 이야기를 하지 않을 수 없다. (특별한 목적을 갖고 이 글을 본다면 승진 관련 규정을 꼭 함께 살펴보기를 권한다. 참고하여 향후 계획을 세워보면 좋겠다.)

2023년의 나는 굉장히 지쳐 있었다. 무너진 자존감은 나를 끊임없이 괴롭혔었다. 이를 벗어나고자 하는 노력으로 차츰 회복되어 갈 때쯤, 다른 감정이 생겨났다. '다시 자신감 있게 교단에 설 수 있을까?' 그 감정은 나에 대한 우려였다. 그리고 나는 그 우려의 감정을 온전히 해결하지 못한 채 새로운 아이들과 학부모를 마주했다.

운 좋게도 1.5년의 다소 짧은 담임 경력이 무색하리만큼 3월은 매우 순탄했다. 게다가 처음 시작한 나이스·생활기록부·학적 업무는 나를 더욱 정신없게 만들기에 충분했으나, 그 또한 즐길 수 있었다.(당시 우리 토마토반 학생들과 학부모님들에게 감사드린다.)

그렇게 여느 때처럼 내게 공람된 문서를 차례차례 열어보던 중, 교육방송연구대회 공문을 보게 되었다. 해당 공문에 첨부된 파일들을 훑어보며 '이거 도전해 보고 싶다!'라는 생각이 들었고, 바로 실행해야겠다는 다짐을 하게 되었다. 그리고 무엇보다 나는 **돌파구***가 필요했었다. 인간으로서의 '나' 그리고 교사로서의 '나'를 정립하고 열정의 불을 지펴보고 싶었다. 이때의 나는 본연의 '나'를 찾아가는 출발선에 서있었다.

독자들은 어떤 목적으로 연구 대회에 관심을 가질까? 생각하게 된다. 나처럼 어떠한 대단한 목적을 갖지 않아도 된다. 아니, 목적이 없어도 될 것 같다. **일단 한번 해보시라!** 결과물을 만들어 가는 과정에서 **목적을 넘어선 배움**을 얻을 수 있을 것이다. 교육 트렌드를 알아가고, 그 속에서 나의 개성을 발견·발현할 수 있을 것이다.

---

*돌파구: 부닥친 장애나 어려움 따위를 해결하는 실마리

연구 대회 준비는 어떻게 이루어졌을까?
: 교육방송연구대회 준비과정

1. 핵심 아이디어(주제) 구상

교육방송연구대회는 아이디어 싸움이라고 할 수 있다. 아무리 멋진 영상 기술과 효과를 사용할지언정 주최 측이 바라는 기준에서 벗어난 아이디어를 제시한다면, 그것은 영상 주제로 적합하지 않기 때문이다. 이런 관점에서 평소 교육의 동향이나 문제점에 관심을 가진다면 아이디어는 적지 않게 나올 것이다.

그러나 많은 아이디어 중에서도 하나를 선택하기 위해서는 어떠한 기준이 필요했다. 가장 확실하고 고전적인 방법은 역시나 '교육과정 분석'이라고 생각했다. 아래의 질문을 끊임없이 던지며 비로소 하나의 주제를 선택할 수 있었다.

- 꼭 교육해야 할 필요성이 있는가?
- 교육해야 할 주제에 관한 교수학습 자료가 있는가?
- 현재 학생들에게 적합한 교수학습 자료인가? (학생 수준이나

사회·문화적인 측면 등)

2. 계획서 및 작품 설명서 작성 및 제출

계획서 및 작품 설명서를 작성하며 중점을 두었던 생각은 '만들 교육 영상이 모두에게 필요한 것인가?'였다. 내 영상이 교육 상황에 꼭 필요하다고 설득할 수 있어야 했다. 이전 입상작들을 살펴보면, 좋은 계획서 및 작품 설명서는 글의 분량이 아닌 설득력에 달려 있음을 쉽게 파악할 수 있을 것이다.

그렇다면 어떻게 설득력을 높일 수 있을까? 앞서 1번 '핵심 아이디어 구상'에서 언급하였듯이, 교육과정과 교육 트렌드에 관한 자료를 수집 및 분석하는 것이다. 이러한 분석을 바탕으로, 내가 만들고자 하는 영상이 왜 모두에게 필요한지를 설득력 있게 풀어나가고자 했다.

3. 자료 수집 및 제작 / 대본 작성 / 출연진 및 장소 섭외

이 단계는 어떤 영상 주제와 연출 방법을 선택하였느냐에 따라 오랜 시간을 필요로 할 수도, 아닐 수도 있다. 인터넷 검색을 통해 마음에 쏙 드는 자료를 발견할 수도 있지만, 마땅치 않아 자료를 직접 만들 수도 있다. 그리고 대본 작성이나 출연진 및 장소 섭외가 필요하지 않을 수도 있다. 촬영 대상이 인물인지 자연인지, 촬영 장소와 인원은 어떠한지 등 자신이 확실하게 통제하기 어려운 영역이 늘어날수록 이 단계를 번복하기 쉽다. (필자는 촬영 대상이 4명의 학생들이었다. 정규수업 시간 이후에 학생들과 촬영 일정을 맞추고, 적합한 장소를 찾아내는 것이 쉬운 일은 아니었다.)

그러나 4단계에 돌입하기 전 3단계를 완벽하게 끝내야겠다는 강박감은 버리시기를 바란다. 필자의 경우 3단계 중, 특히 대본 작성에 집착한 나머지 4단계를 충분히 하지 못했다고 판단한다. 4단계 과정에서 더 좋은 아이디어가 생각나거나, 반대로 수정 및 삭제해야 할 부분이 보이기 때문이다.

4. 연출 및 촬영 / 편집

모든 단계는 동시다발적으로 이루어져도 괜찮다. 그러나 어떠한 영상 주제를 선택하든, 4단계는 오랜 시간을 필요로 함을 염두에 두어야 할 것이다. 특히 필자와 같이, 학생 연기를 지도해야 한다면 더욱 에너지를 쏟게 될 것이다. 3, 4단계는 최종본을 제출하기 전까지도 시행착오가 일어나는 단계임을 인지하며 임해야 한다.

5. 출품작 및 출품 서류 제출

해당 연구대회 공문과 첨부파일을 꼼꼼히 살펴 실수 없이 제출해야 한다. 제출 기한 및 방법을 지켜야 하고, 제출 서류의 종류과 각각의 형식까지도 보아야 한다. 마지막까지 긴장의 끈을 놓지 않는 것이 중요하다.

🥄 한 스푼 성장 레시피- 연구대회에 임하는 자세

1. *문서등록대장(또는 *공람)을 꾸준히 들여다보기

주로 4월에 공문을 통해 각종 연구대회의 계획이 안내되므로, 해당 시기에는 문서등록대장을 유심히 지켜보기를 권한다. 연구대회 신청 기간 이외에는 문서등록대장에서 다양한 교육 소식이나 연수 정보를 찾아볼 수 있다. 교사로서의 자기 계발과 그로부터의 보람을 원한다면 문서등록대장과 친해지는 게 필수적이다. 아무리 바빠도 하루 한 번은 문서등록대장을 들여다보자. 그렇게 학교의 모든 일뿐만 아니라 요즘 교육의 동향을 파악하며 교원으로서의 역량을 키울 수 있다고 생각한다.

* 문서등록대장: 회사 내부 또는 다른 외부에서 수신된 문서들을 기록하여 문서의 보관 및 관리에 도움이 되는 서식. 학교에서 생산 또는 접수된 공문서들이 보관되는 곳이다. 보통 전임자가 담당했던 업무를 파악할 때, 지난 몇 년간의 공문서들을 이곳에서 살펴보곤 한다.

(접속 경로 : 업무포털 → K-에듀파인 → 문서관리 → 문서함 → 문서등록대장)

* 공람: 여러 사람이 봄. 또는 여러 사람이 보게 함. (접속 경로 : 업무포털 K-에듀파인 위 상단)

2. 주변 동료 선생님에게 적극적으로 자문하기

교내에 연구대회 분야에 관심을 가지거나 도전 경험이 있는 선생님이 있으시다면 적극적으로 조언을 구해보자. 필자의 경우 교육방송연구대회 전국대회 1등급을 받으신 선배 교사가 있어 감사하게도 실질적인 조언과 지원을 받을 수 있었다. 질문하고 실행하는 자에게 기회가 오리라 생각한다.

3. 공동 연구의 경우, 협의와 역할 분담의 균형을 맞추기

필자가 디니쌤과 함께 연구대회를 준비하는 과정에서 좋았던 점은, 서로의 강점과 약점이 조화롭게 이루어졌다는 것이었다. 물론 처음부터 서로의 강점과 약점을 알아보고 준비했던 건 아니었다. 나의 연구대회 제안 이후, 충분한 협의를 통해 이루고자 하는 목표와 방향성을 잡아나갔다. 학생들 하교 후면 어김없이 만나 아이디어 구상부터 시작했는데, "오늘 이것과 저것은 생각하고 헤어져야 해!"와 같이 오늘의 목표를 달성하려 노력했다. 그러나 영상 촬영과 편집도 함께 만나 협의하며 진행하려다 보니 생각보다 품이 많이 든다는 걸 깨달았다. 그 시점부터 디니쌤과 나는 서로 자신 있는 주 분야를 나눠 담당했고, 서로 자신의 역할에 집중할 수 있음에 만족스러워했다.(물론 협의는 수시로 이루어진다. 그 비중이 줄어들 뿐이다.) 필자 주변에도 공동 연구를 한 사례가 적지 않은데, 처음부터 역할 분담을 너무 확실히 한 팀이 있었다. 두 선생님은 서로 바빠 충분한 협의가 이루어지지 못한 채 역할 분담을 했다고 전해주었다. 결국 마지막에는 편집 중인 영상을 삭제하고, 새로 기획 및 촬영하였다고 한다. 협의와 역할 분담은 어느 한쪽으로 치우쳐 선택하는 것이 아니라, 함께 균형적으로 챙겨야 하는 것이다.

4. 관련 공문을 지침으로 두고, 관련 파일 및 일정을 정리하기

본인이 열심히 만들어놓은 교육 콘텐츠가 해당 대회의 방향성을 벗어난다면, 해당 교육 콘텐츠는 '빛깔 좋은 개살구'일 뿐일 테다. 어떤 연구대회라도 해당 공문의 내용을 꼼꼼히 읽어보아야 한다. 필자는 필자만의 방식으로 해당 공문을 전부 출력하여 한 글자 한 글자 뜯어 읽고 일정표에 보기 쉽게 정리해 놓았다.(이는 특히 5단계, 출품 서류 작성 시 큰 도움이 될 것이다. 마지막에는 편집에 온 힘을 쏟기에 파일 제출하는 일이 까다롭게 느껴질 것이다.) 그 이후로도 자주 공문과 관련 웹사이트의 소식을 찾아보며 내가 놓친 정보는 없는지 확인하고, 이를 보기 좋게 파일화하여 usb나 웹 드라이브에 저장해두었다. 준비과정 중 어떠한 때라도 관련 공문을 중요한 지침서로 생각하고 참고하기를 바란다.

5. 매해 입상작과 심사 기준을 살피기

지피지기 백전불태, 필자는 연구대회 준비 초반에 어떤 작품이 입상할 만한 가치가 있는 것인지 살펴보았다. 물론 그 기준은 해당 연구대회의 심사 기준일 테니, 당해연도 심사 기준과 입상작을 비교하며 살펴보았다. 어떠한 기준이 해당 출품작에서 구현되었는지, 입상작들의 공통점은 무엇인지 등을 따져보았다. 이를 통해 세운 우리만의 심사기준으로, 디니쌤과 나는 준비과정 내내 출품작의 감독이자 심사위원으로서 셀프 심사를 보곤 했다.

최선이기에 최고일 수밖에 없는,
재미있고 다채로운 학급 만들기

 신규 교사로서 선배 교사를 바라보며 자주 하는 말과 생각이 있다. 많은 것이 있지만 그중에서도 아래의 두 상황이 신규 교사의 절절한(?) 상황을 잘 표현하는 것 같아 예로 들어본다.

 "(선배 교사의 학급을 구경 중에)와……. 선생님, 이거 멋지네요. 어떤 식으로 학급 경영에 사용하시는 건지 여쭤봐도 될까요?"

 "(선배 교사의 수업을 참관하며)아이들에게 다양한 학습 자료를 제시하시는구나. 나도 저런 게 있으면 좋겠다."

 위 상황과 같이 나는 선배 교사의 학급경영과 수업에 줄곧 관심을 보였었다. 이와 동시에 선배 교사들의 화려한 수업자료와 학급 경영 물품에서 한껏 압도당할 수밖에 없었다. 심지어는 '학부모는 갓 신규 교사인 나보다 경력 교사의 학급을 더욱 원하지 않을까?'라는 생각마저 들었다. (절대 그렇지 않다. 독자분들께서는 부디 그런 생각 없으시기를 바란다!) 신규 교사로서 큰 욕심을 갖지는 말자고 다짐했지만(이것도 필요하다고 생각한다.), 나 스스로도 수업이 재미있으면 그날 하루가 뿌듯했기에, 내 상황에서 시도할 수 있는 최선의 방법을 찾아보기 시작했다. 이제는 신규 교사도, 아니 어쩌면 신규 교사가 더욱 학급을 멋지게 꾸려나갈 수 있다는 생각으로 바뀌게 되었다.

실제로 작년(2024년) 처음 온전한 담임을 맡아본 옆 반 선생님께서는 내 반에 들어오시며 이런 말을 여러 번 했었다. "어떤 수업 아이디어가 떠올라도 그에 대한 준비가 제대로 이루어지기 어려운 것 같아요. 예산이 너무 부족해요." 이와 함께 "선생님, 이건 어디에서 구한 거예요?"라고 하시는데, 작년의 내가 떠올라 신기하고 웃음이 나왔다.

나와 나의 동료 선생님처럼 예산은 적지만 열정은 많은 신규 선생님께 보다 재미있고 다채로운 학급을 만드는 방법을 전수해 보고자 한다.

예산 항목의 쓰임에 맞게 정리하기

실제로 나는 내가 사고 싶은 수업/경영 도구가 있으면, 그것을 어떤 예산으로 사용할지 충분히 고민하고 결정한다. 그리고 이를 하나의 파일에 보기 좋게 정리해 두며 예산을 사용해 나간다.

개학 전이나 그즈음에서 행정실에서 학교 예산 편성에 대해 안내할 것이다. 예산 항목의 특성이 제각기 다르기에 그에 맞게 품의 항목을 결정하면 된다. 구매할 물품의 우선순위를 정하고, 이를 어떤 예산 항목으로 사용할지를 충분히 고민하면 좋겠다.

교과서 출판사의 이벤트에 참여하기

각 교과서 출판사마다 여는 이벤트에서 몇 가지 교육적인 미션을 수행하고 이에 상응하는 상품을 얻을 수 있다. 간단한 이벤트부터 복잡한 이벤트까지 다양한 이벤트가 있는데, 이를 잘 활용하면 꽤 괜찮은 교육 자료를 받을 수 있다. 가장 기억에 남는 이벤트는 모 출판사의 체험단으로 활동하는 것이었다. 주기적으로 해당 출판사의 교육 자료를 무료로 제공받고 이를 실제로 수업에 활용한 후기를 올리면 됐다. 공무직으로서 특정 출판사를 옹호하거나 홍보하는 것만 조심한다면 충분히 배움이 있는 방법이라고 생각한다. 출판사 또한 교육 트렌드에 따라 기능을 추가·수정해 나가기에 (현재의 AI 교육처럼) 요즘 교육을 실제적으로 활용·반성해 볼 수 있다는 점에서 만족했다. (겸직에 해당하는 것인지 꼭 따져보고 실행하기를 바란다.)

교육지원청 공모 사업에 도전하기

K-에듀파인의 문서등록대장(및 공람)을 살피다 보면, '공모'라는 단어를 적지 않게 볼 수 있다. 보통 교육부/도교육청의 방향에 따라 여러 시군 교육지원청에서는 여러 사업을 진행하는데, 이 사업의 대상이 교사에게도 열려있는 것이라고 보면 된다. 내가 참여했던 공모 사업은 '지역 연계 프로젝트 수업'이었다. 3학년 담임교사로서 지역화 교과서를 가르치고 있었는데, 사회과에서는 특히나 경험과 체험이 중요하겠다는 내 교육적 신념을 완벽하게 충족해줄 수 있었다. 그렇게 교육과정을 재구성하여 프로젝트 수업 및 체험학습 계획을 세웠다. 물론 모든 공모 사업이 신청한다고 해서 당연하게 되는 것도 아니거니와, 공모사업의 대상이 된다면 교사의 고민과 노력이 필수적이게 된다. 해당 공문을 살펴보면 예산 제공 여부와 각종 특이 사항(표창 여부 등)이 적혀 있으니 본인의 희망에 따라 선택하면 되겠다.

교육 과정 재구성에 익숙해지기

학부 시절부터 귀에 피가 나도록 들었던 단어가 바로 교육 과정 재구성이다. 학교 업무에 적응하기 바쁜 신규인 내가 교육 과정을 충실히 이행하기만 해도 잘하는 거라 생각하며 재구성이라는 부담을 스스로 안겨주고 싶지는 않았다. (실제로도 그러하니 부담 갖지 않았으면 좋겠다.) 그렇게 생각한 내가 교육 과정 재구성을 시작하게 된 계기는 학생 인성 교육을 위함이었다. 인성 교육에는 방도가 없다지만, 학생들이 주기적으로 프로젝트를 수행함으로써 스스로 경험하며 인성을 함양해 나가기를 바랐다. 그래서 교육 과정에 있는 내용들을 쭉 살펴보며 단원·교과 통합을 해나가기 시작했고, 체험 중심의 내용이라면 적극적으로 그에 대한 교수·학습 방법을 계획했다. 그러다 보니 어느새 연극 수업 강사까지 채용하고 있는 나를 발견하게 되었다. (내 학급뿐만 아니라 여러 학급의 수요도 조사하여 총대를 멨으며, 강사-학교의 중간 다리 역할을 하며 계약 절차를 밟았다. 생각보다 간단하지 않았지만 뿌듯했다!) 인성 지도 외에도 다양한 교과 수업에서 교육 과정을 재구성할 때마다, 학생들은 수업에 대한 기대감을 갖고 흥미롭게 참여했다.

> 예1) 포틀럭 북카페 수업: 국어(독서하기와 책 소개하기 단원)+도덕(나눔과 감사의 미덕 체득하기)+창체 통합, 포틀럭 음식 준비를 위해 미리 학부모의 도움을 구함
>
> 예2) 연극의 기초 수업: 국어(연극 단원)+체육(표현 단원) 통합, 강사 채용

다양한 연수 듣기

교사로서 어려운 점들을 함께 나누고 해소할 만한 것으로 연수를 찾아 들었다. 본인의 상황에 따라 듣고 싶은 주제의 연수를 신청하고 배워가는 재미를 느껴보기를 바란다. 이를 실제로 자신의 수업에 적용해 본다면 수업/학급 경영 역량이 한껏 높아질 것이다. 또한 연수를 들으며 지도 교사(강사)의 강의 방식과 태도에 감탄할 때가 있는데, 지도 교사로부터 수업 에너지와 영감도 얻을 수 있어 더할 나위 없이 좋았다.

p.s. '수석교사와 수업 만들기'와 같이 수석교사와 신규교사가 함께 수업을 만들며 공동 성장하는 연수도 있다. 이처럼 '오히려 신규 교사라서 좋다!'라는 마인드를 장착하고, 다양한 수업 아이디어를 뽐내주시기를 바라본다.

'재미있고 다채로운 학급을 만드는 방법'이라는 나름 거창한 제목에 관하여, 대표적인 5가지 방법으로 정리해보았다. 우리 학급의 학생들도, 학부모들도 이러한 나의 수업과 학급 경영 방식에 긍정적인 반응과 응원을 보내왔다.

무엇보다 가장 중요한 것은 **'학급 경영과 수업에 대해 꾸준히 연구하는 마음가짐'**이라고 생각한다. 따라서 어떤 방법을 택하든 자신감을 가지고 연구하면 좋겠다. (선생님의 연구하는 자세가 학생과 학부모에게도 교육이 된다고 느꼈다.)

앞으로도 **동료 선생님과 함께 하시기를** 바란다. 수업 경험은 함께 나눌수록 더욱 커진다. 나 또한 나만의 방식에서 머무는 것이 아니라 더욱더 겸손한 자세로 넓은 세상을 보고, 묻고, 배워가고자 한다.

배움에는 뒤따라오는 수고로움이 있다. 그리고 그 수고로움은 오롯이 본인의 몫이 되어, 이겨내면 자신의 자양분이 된다고 본다. 신규 교사가 되었으니, **앞으로 어떠한 교사가 되고 싶은지 끊임없이 고찰해 나가시기를** 진심으로 응원한다. 그리고 **그 속에서 자신의 행복을 찾아가기를** 바란다.

Epilogue

'교사가 되었을 때'와 '엄마가 되었을 때'가 닮았다는 생각이 든다. 지금은 두 아이의 엄마인 내가 첫 출산으로 당연직 '엄마'가 되었을 때를 떠올려보면, '엄마'라는 급작스러운 타이틀(?)이 참 낯설고 부담스러웠다. 출산과 동시에 엄마다운 모습이 생긴 건 아니었다. 시간은 조금 걸렸지만, 아이들과 함께 엄마로 성장했다.

처음 교실 문을 열고 들어섰을 때도 마찬가지였다. '선생님'이라는 호칭이 참 어색했다. 학교를 갓 졸업한 나에게는 그 이름이 과분하게 느껴졌다. 순전히 내 생각이지만, 여전히 학생 같은 나를 바라보는 아이들의 시선이 조금 부담스럽기도 했다. 하지만 엄마의 삶에 자연스럽게 젖어들었듯, 교사의 삶도 교실 속에서 차츰 스며들었다. 물론 시행착오도 있었다. 그렇게 내가 가르치는 아이들에게 가르침을 받으며, 나는 교사로 성장하였다.

사랑하는 아이가 나를 진짜 엄마로 만들었듯, 사랑스런 교실

속의 아이들은 나를 더욱 진짜 교사로 만들었다. 반짝이는 눈으로 수업에 참여하는 아이들의 눈동자가 좋아 다시 그 눈을 보기 위해 기대와 설렘으로 수업을 준비했다. 교실 속 아이들이 나의 교직 생활의 원동력이었다.

참 서툴렀다. 수많은 선택지 앞에서 두려움으로 선택하기도 했고, 어떤 때는 호기롭게 도전하기도 했다. 실수도 많았지만, 교단 위에서 흘러간 시간들은 결국 오점이든 미점이든, 수많은 '점'으로 남았다. 흩어져 있던 '점'들이 어느새 모여, 교사라는 하나의 '그림'이 되었다.

문득 희미해져 가는 '처음' 교사가 되었을 때의 설렘을 오래도록 붙잡아두고 싶다는 생각도 들었다.

한 해를 가득 채운 기쁨과 행복, 좌절과 슬픔. 머릿속에서 가슴으로, 그리고 손끝을 타고 글로 정리되기까지 많은 시간이 필요했다. 아이들에게 생각을 정리해 글로 표현하는 것이 중요하다고 가르치면서도, 정작 나의 이야기를 글로 풀어내는 일은 쉽지 않았다. 어떤 이야기를 들려줄까? 어떤 이야기가 가장 필요할까? 고민하며 밤을 지새우기도 했다.

보건 교사부터 담임 교사까지, 9명의 선생님 이야기를 통해 치열했던 동료의 삶을 들여다볼 수 있었다. 각자가 걸어온 길은 달랐지만, 우리의 이야기는 '신규 교사'라는 공통분모에서 시작된다. '신규 교사를 위한 지침'이라는 거창한 타이틀을 붙이기에는 다소 부족할지 모른다. 그러나 같은 길을 걷고 있는 동료로서, 같은 고민을 안고 있는 사람으로서, 그리고 함께 성장해 가는 교사로서 우리가 걸어온 길이 누군가에게 꿀팁이 되기를 바란다.

씨앗이 싹을 틔우기 위해 보이지 않는 땅속에서 부단히 자라듯, 우리의 시작도 그러했다. 해보지 않은 업무와, 교실 속에서 만나야 할 수많은 관계가 짙은 어둠처럼 불안하기도 외롭기도 하다. 그러나 우리는 알고 있다.

"당신은 땅속에 묻힌 게 아니라 심어진 것이다."라는 누군가의 말처럼, 우리는 학교라는 땅에 심겨진 교사다. 보이지 않는 곳에서도 뿌리를 깊이 내리며 성장하고, 마침내 흙을 뚫고 나와 새싹을 틔울 것임을 안다.

그러니, 지금 이 순간 힘들고 불안하더라도 잊지 않았으면 한다. 당신이 겪고 있는 고민과 방황은 성장의 일부이며, 언젠가 당신도 스스로의 단단한 뿌리를 발견하게 될 것이다. 우리는 모두 그렇게 교사가 되어간다.

교사 송라헬